Verena Wöhlk Appel

KREATIVITÄT
FÜR DIE SEELE

CV

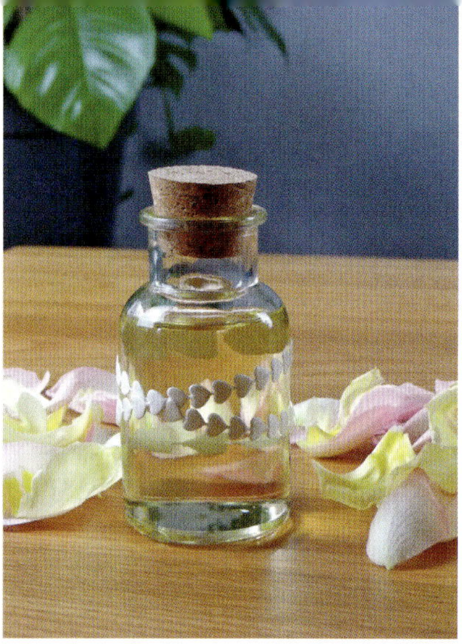 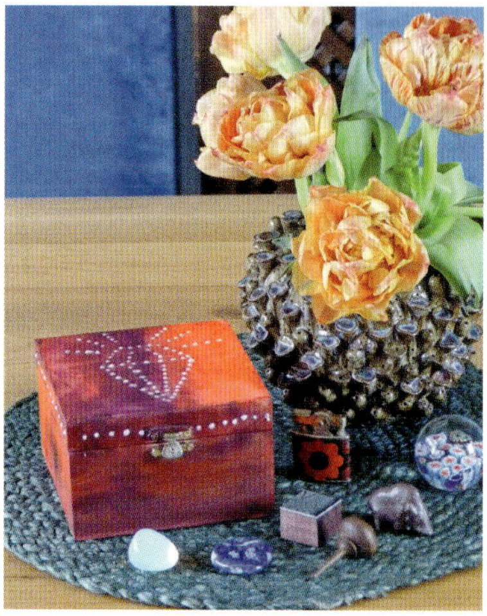 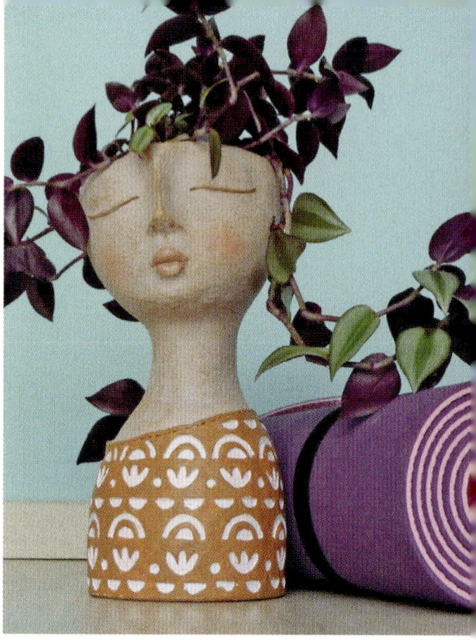

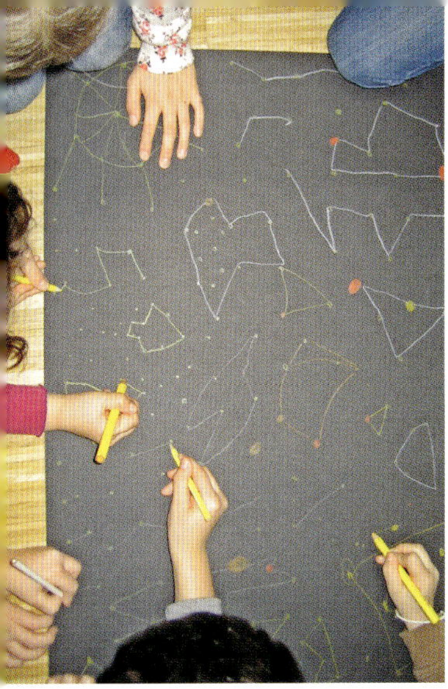

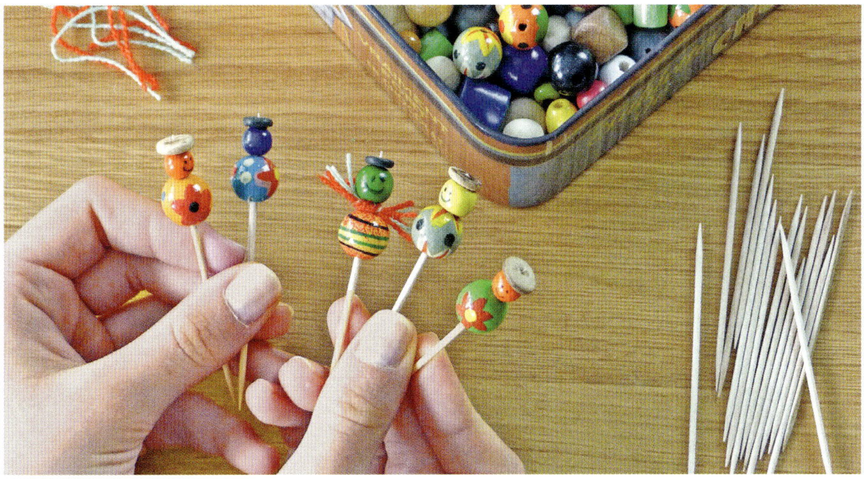

EINFÜHRUNG

An einem Vormittag im Herbst saßen wir im Kieselbett der Isar und bemalten Steine.
Es war im goldenen Oktober, es ist nun schon einige Jahre her. Unsere Jungs waren damals fünf und sieben Jahre alt, die Tochter noch nicht auf der Welt. Ich trage diesen Vormittag ganz genau in meiner Erinnerung: Meine Söhne und ich waren ganz allein, wir hatten eine Picknickdecke dabei und geschnittenes Obst, holten abwechselnd Wasser und malten fröhlich bunte Muster mit Wasserfarben auf die vom Fluss geformten Kiesel. Einen dieser Steine besitze ich heute noch.
Das klingt nach Erinnerung an einen perfekten Tag.

Aber die Fakten waren andere:
Wir waren allein, weil alle anderen Kinder und Vorschulkinder in der Schule waren.
Mein großer kleiner Sohn trug ein Käppi unter seiner Sweatshirt-Mütze, denn er hatte kaum noch Haare auf dem Kopf. Wir hatten sechs Wochen Chemotherapie hinter uns und noch vier Monate intensive Therapie vor uns. Ohne zu wissen, ob er von seiner im Sommer ausgebrochenen Leukämie-Erkrankung genesen würde.
Aber wir hatten die Farben.
Wir hatten die Isar, die Steine, die Sonne, die Zeit.
Wir hatten uns.
Die Idee, mit buntem Farbkasten an den Fluss zu gehen, war an diesem Tag das Heilsamste, was wir tun konnten.
Wir haben die Steine genommen, wie sie waren, und mit unseren Farben benetzt. Einige von ihnen haben wir hinterher in hohem Bogen ins Wasser geworfen.
Ich fühlte mich sehr sicher und beschützt in diesem Moment, und ich denke, ich habe dieses Gefühl auch auf meine Kinder übertragen können.

In den folgenden Monaten habe ich immer wieder das Wesen kreativer Materialien als wirksames, ressourcenstärkendes Beschäftigungsmittel erfahren.
Habe Armbänder für Klinikkinder geknüpft, mich freigemalt von Ängsten oder mit den Kindern Wachsbilder getropft und dabei einfach nur das Kerzenlicht wirken lassen.
Natürlich hat jeder seinen eigenen Weg, mit schwierigen Zeiten umzugehen. Doch ich habe beobachtet, dass das kreative Material, mit dem man werkelt, unsere Stimmung stark beeinflussen kann.
Das, was Kunsttherapeutinnen und -therapeuten in Kliniken machen, erfahren wir im Kleinen tagtäglich, wenn wir Teig kneten, wenn wir malen, uns eincremen oder miteinander spielen ...
Wir können uns dessen ruhig bewusst werden – und diese Erfahrungen aktiv nutzen!
Für die Ideensammlung, die diesem Buch zugrunde liegt, habe ich überlegt: Was sind das für Stimmungen, die wir in uns tragen, die uns lästig sind, die wir gerne zum Besseren beeinflussen wollen? Und in welche Stimmungen können wir sie umwandeln, wenn wir uns Hilfe holen?
Zehn ressourcenspendende und lebensnotwendige Seelenzustände habe ich herausgearbeitet, die ich näher betrachten will und denen sich bestärkende kreative Materialien zuordnen lassen.
Entstanden ist ein Kreativ-Pool mit vielen bestärkenden Ideen, die sich bedenkenlos weiterspinnen lassen.
Vielleicht findest du dich wieder in dem ein oder anderen Kapitel.
Lasse dich inspirieren und mache gerne deine eigenen Ideen daraus!

Natürlich sind meine Ideen nicht bedenkenlos als therapeutische Anwendung zu verstehen. Sie können vorbeugend wirken oder andere Maßnahmen ergänzen und im normalen Alltagswahnsinn helfen, so wie der Titel sagt. Sie können dich aber in einer scheinbar ausweglosen oder sehr schweren Situation nicht auffangen. Bitte denke daran und hole dir Hilfe, wenn notwendig.
SORGE FÜR DICH und zögere nicht, professionelle Hilfe in Anspruch zu nehmen, wenn nötig. Vertraue dich anderen an.

Auch wir haben während der Erkrankung unseres Sohnes Unterstützung gebraucht. In der Klinik gab es eine Psychologin, die zur rechten Zeit geschwiegen hat – aber immer für unsere Familie da war. Ich habe zusätzliche kunsttherapeutische Unterstützung erfahren. Eine weitere wichtige Stütze waren Familie und Freunde.

Wo wir schon beim Thema sind, fange ich auch gleich mit dem schwierigsten Kapitel an: das Annehmen. Alle folgenden Themen gehen über die Selbstbesinnung und Erdung in Richtung Bewegung und Fortschritt. So ist das Leben. Ich wünsche dir viel Freude bei der Entdeckung, dem Leben mit kreativen Ideen zu begegnen, es zu bereichern und zu verbessern!

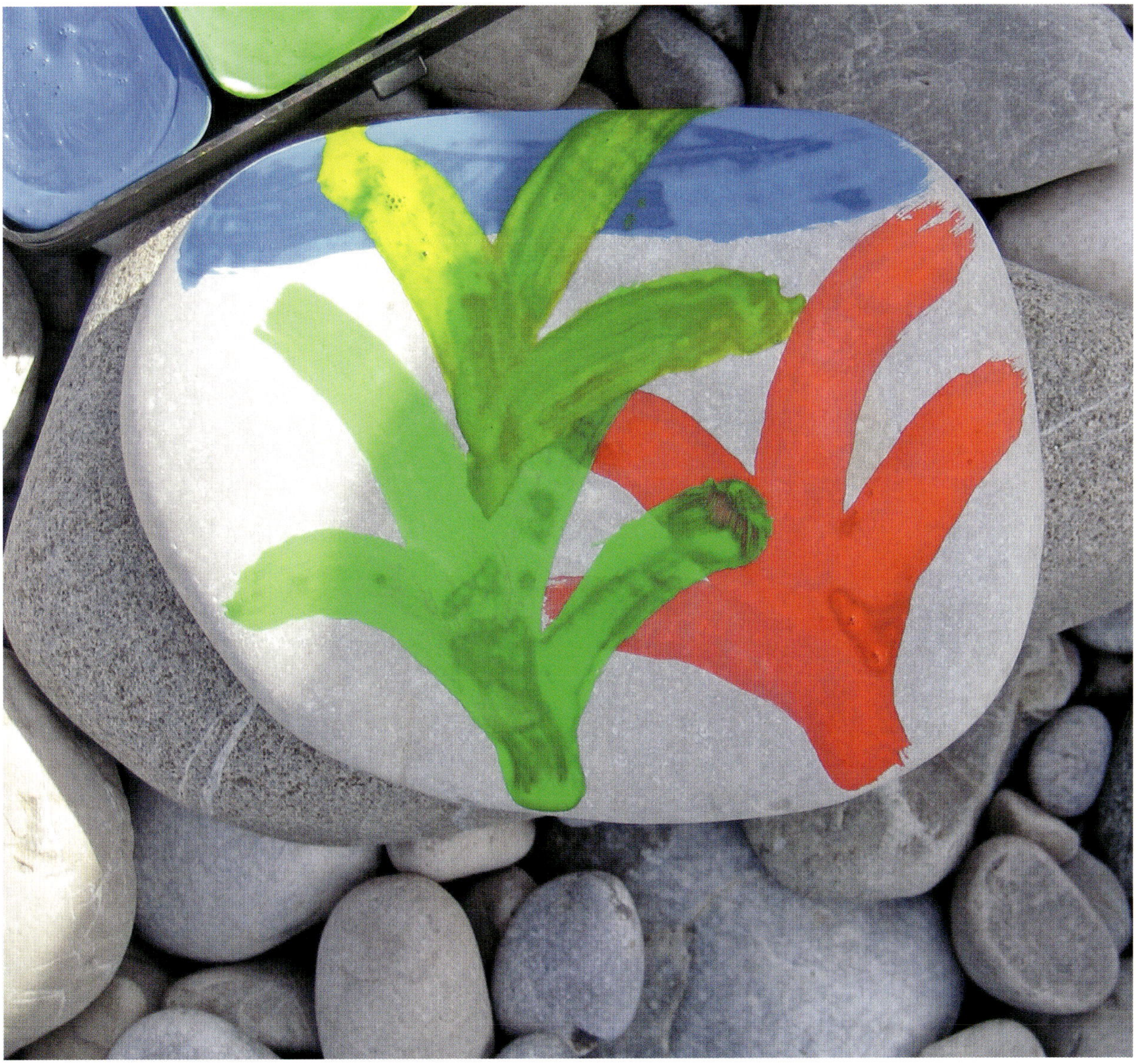

Unglück
Krankheit
Verlust
Trennung
Zurückweisung
Tod einer nahestehenden Person
Schock
Verzweiflung
Trauer
Krise
Rückfall
Ohnmacht

„Warum?“

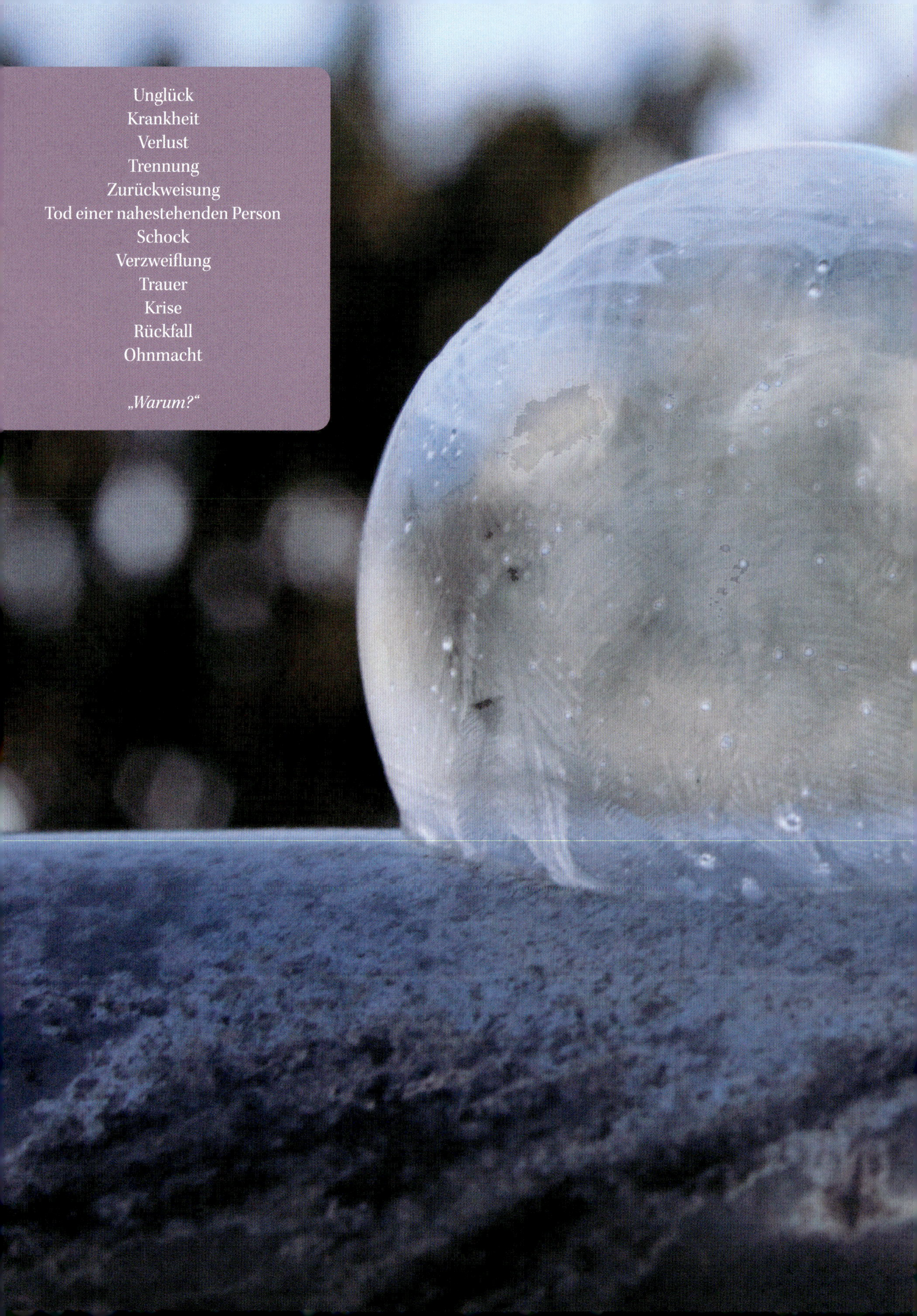

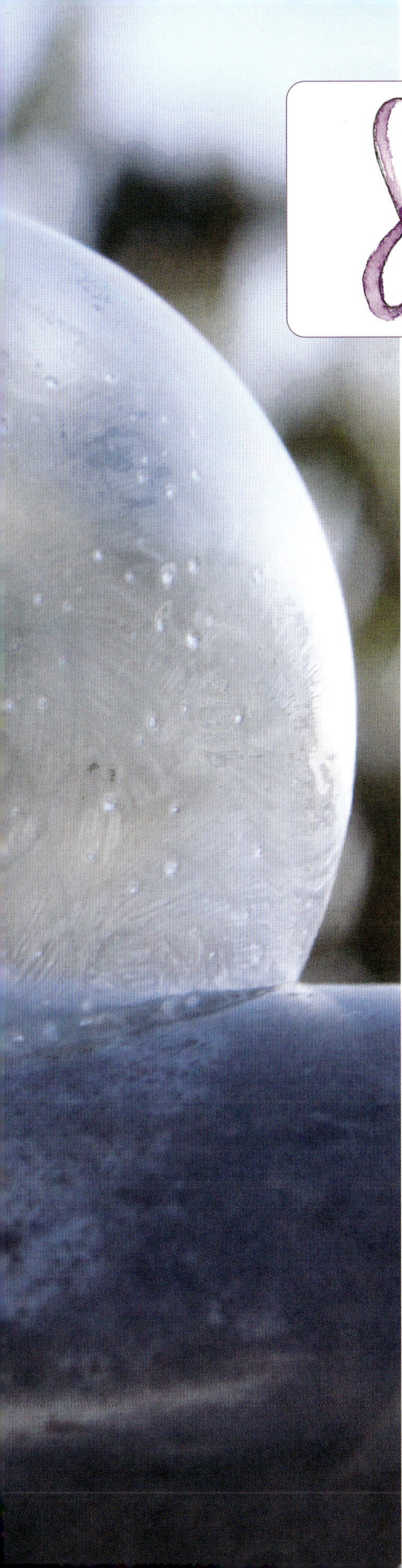

ANNEHMEN

Annehmen müssen wir immer wieder, wir machen es täglich im Kleinen. Manchmal aber erwischt es uns mit voller Wucht – und wir stehen sprachlos und starr davor: Der Tod eines geliebten Menschen, die schwere Krankheit eines Nahestehenden oder auch die eigene Erkrankung, ein Schicksalsschlag in der Familie oder im nahen Bekanntenkreis, eine unglückliche Trennung ... Das alles kann plötzlich da sein, obwohl es gestern noch nicht abzusehen war. Und es ist kaum annehmbar. Wir haben eingebaute Schutzfunktionen, die sich individuell unterscheiden.
Bei einem schlimmen Ereignis reagiert jeder anders ... an der Situation ändert das nichts.
Oft sind Worte überflüssig, der Körper ist in Schockstarre, ein Gefühl von Ohnmacht umgibt einen, die Trauer wiegt schwer. Die Zeit jedoch geht weiter und die Gefahr ist groß, dass Orientierungsverlust, Schwere und Einsamkeit sich in unserer Seele breit machen. Mit diesem Zustand zurechtzukommen ist an sich schon schwer genug – wenn man dazu noch Familie hat und die Aufgabe, für andere zu sorgen, stellt man sich Fragen:
Was nun? Wie beruhige ich die Situation? Wie kommen wir wieder zurück? Kommen wir wieder zurück?
Die nachfolgenden Ideen sollen dazu inspirieren, in kreativer Aktion die neue Lebenssituation anzunehmen, auszuhalten, zu ertragen. In einem zweiten Schritt trösten, die Seele wärmen und Erinnerung bewahren.

HELFENDES MATERIAL

Wachs, Öl, Pflaster und Binden, kleine persönliche Schätze, Lichterketten, Sterne aller Art

EIN TROPFEN DES LICHTS

Es klingt fast zu einfach, aber es gibt tatsächlich Stoffe, die uns helfen können, Zustände anzunehmen, und uns trösten. Wachs ist so ein Stoff. Deshalb findet Wachs viel Verwendung im religiösen Kontext. Im Zusammenhang mit dem Licht, das uns eine Kerze spendet, liegt seine Symbolik auf der Hand. Selten jedoch verwenden wir im Alltag kraftspendende Stoffe im stärkenden Kontext! Greifen wir danach! Lasse das Licht einer Kerze und die Weichheit des Wachses auf dich wirken!

Wenn unser Sohn während seiner langwierigen Behandlung aus der Klinik kam, kämpfte er zeitweise mit den Nachwirkungen der Medikamente, war schlapp und traurig. Ich kramte dann die bunten Kerzenreste aus unserer Schublade. Meine Kinder bereiteten den Tisch vor und wir ließen die Zeit verstreichen, mit Kerzenlicht und bunten Bildern, die sich aus tropfendem Wachs bildeten.

MATERIAL

- Kerzen(reste), bunt
- Schalen oder Töpfe, Ø 5–15 cm
- Wasser, kalt
- Feuerzeug / Streichhölzer
- Unterlage, feuerfest

Kinder sollten nur gemeinsam mit Erwachsenen arbeiten und unter 5 Jahren nur Zuschauer sein! Die Umgebung muss windstill sein und es sollten keine brennbaren Gegenstände herumstehen. Haare müssen aus dem Gesicht gebunden sein.

TIPP

Verwende Schalen in verschiedenen Formen (hier wurde eine Herzform verwendet), um verschiedene Wachsplatten zu kreieren. Wachskreise in verschiedenen Größen ergeben auch ein schönes Bild.

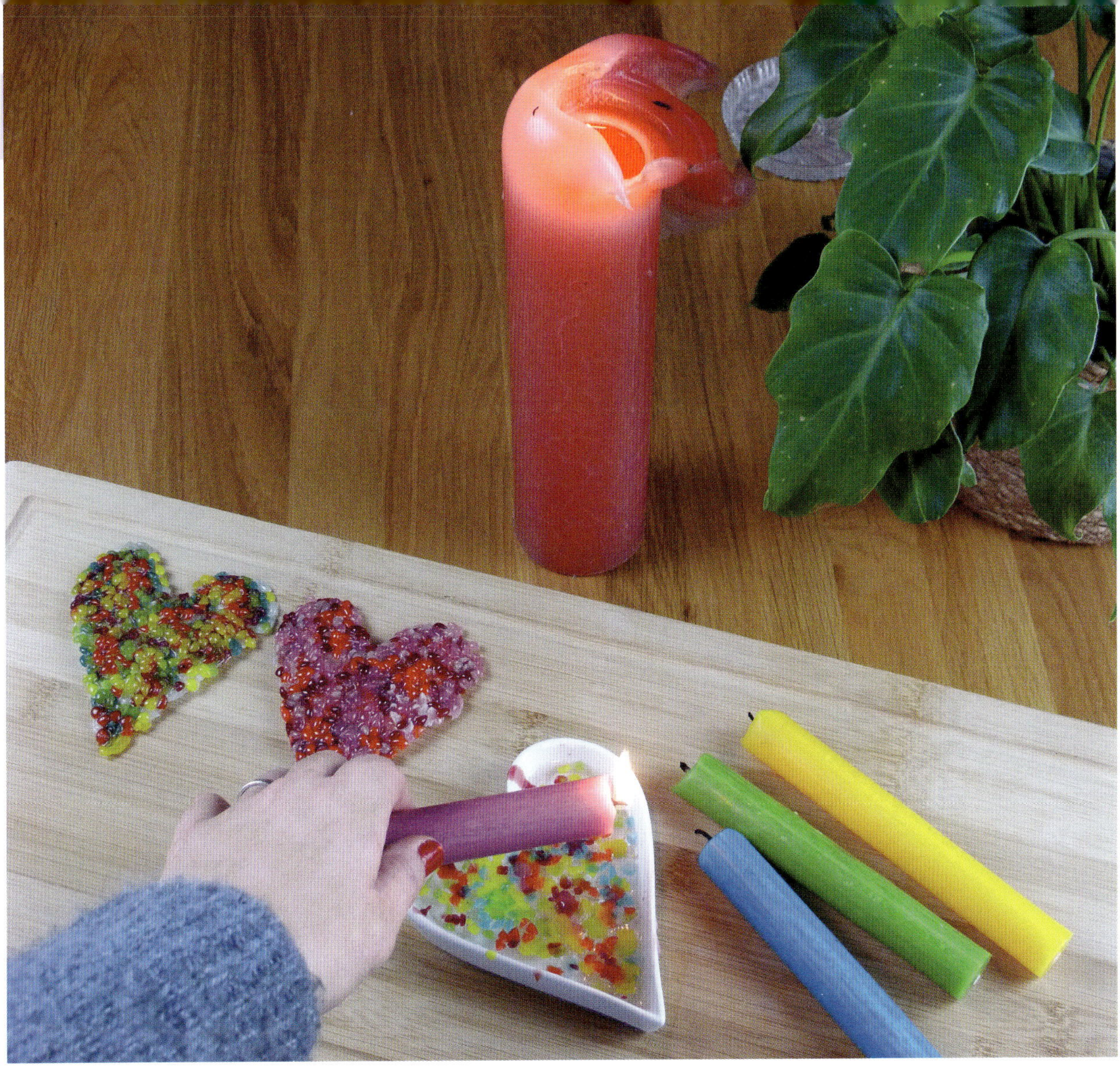

SO WIRD'S GEMACHT

1 Bereite einen Tisch mit feuerfester Unterlage und eine Schale mit kaltem Wasser vor.

2 Zünde eine Kerze an und tropfe das Wachs ins Wasser. Drehe die Kerze gleichmäßig herum, sodass sie rundum gleichmäßig abbrennt. Mit der Zeit wirst Du herausbekommen, wie du rußfrei tropfen kannst!

3 Wenn im Wasser einige Wachstropfen schwimmen, wechsle zu einer anderen Kerzenfarbe. Tropfe so lange Wachs in das Wasser, bis die gesamte Oberfläche benetzt ist, die Wachsplatte aber auch nicht zu dick wird. Spare die Ränder dabei aus. Lasse das Wachs noch etwas abkühlen.

4 Nun kannst du die Platte noch einmal untertauchen und dann vorsichtig aus dem Wasser nehmen.

5 Halte die Wachsplatte gegen das Licht. Ist sie nicht wunderschön? Du kannst sie aufhängen oder aufstellen. Sie wird nicht ewig halten, denn sie ist sehr zerbrechlich!

GESTATTEN, DR. „ICH MACH DICH GESUND!"

Kinder lieben es, in verschiedene Berufe zu schlüpfen. Warum nicht in die eines Arztes oder einer Ärztin? Und wenn es in der Familie Erkrankungen gibt, ist es manchmal eine Möglichkeit, sich diesem Thema von der spielerischen Seite her zu nähern. Es ist dafür nicht notwendig, einen „Arztkinderkoffer" in der Spielzeug-Abteilung zu kaufen, wobei es auch hier ganz nette Modelle gibt. Es reicht schon der Blick in die eigene Hausapotheke oder den alten Autoverbandskasten. Einen Ärztekoffer kann man mit den Kindern gemeinsam gestalten. Fragt die Kinder, was hineingehört! Was macht uns wieder gesund? Fruchtsaftgummis sind gewiss dabei!

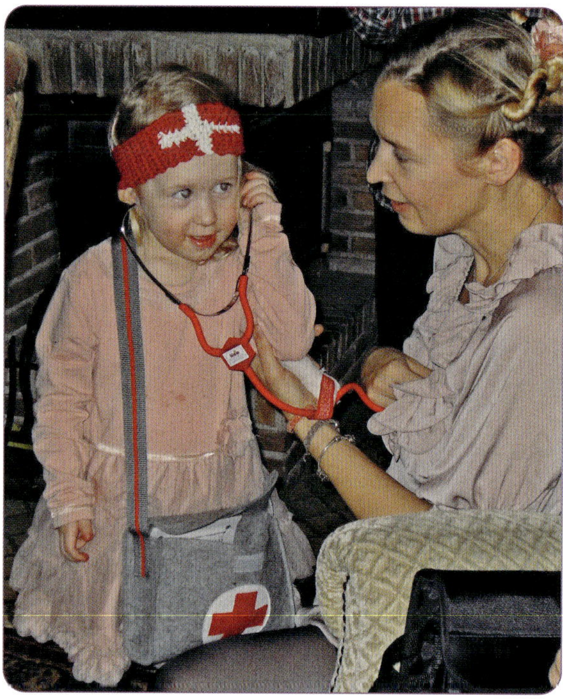

Mit unserer kleinen Tochter packte ich regelmäßig Arzt-Täschlein, denn ich musste sie oft mitnehmen zu den Nachsorge-Untersuchungen unseres Sohnes.

MATERIAL

- kleiner, geeigneter Karton, Koffer oder Tasche
- Kinderschere
- Binden, Pflaster
- alles, was nach kreativen Vorstellungen gesund macht: Obst, Fruchtsaftgummis, Kuscheltiere, Halbedelsteine etc.
- weißes Hemd oder Kittel
- Stethoskop und Fieberthermometer, auch Nachbildung oder gebastelt

SO WIRD'S GEMACHT

1 Schau in deinem Haushalt nach, was du an Materialien zur Verfügung hast.
2 Stelle gemeinsam mit deinen Lieben einen Arztkoffer zusammen. Was braucht ihr für die Gesundheit? Neben Pflastern und Kuscheltier gehören vielleicht auch Zettel für Liebes-Brieflein dazu oder ein besonderes Spiel? In der Ausstattung des Arztkoffers oder der Praxis gibt es kaum kreative Grenzen.
3 Besucht euch gegenseitig in eurer „Praxis", gebt euch Raum dazu und nehmt euer Spiel ernst. Bei Kindern kann die neue Profession manchmal Tage andauern – manchmal auch ein Leben lang!
4 Findet einen geeigneten Platz für euren Arztkoffer, sodass er bei Bedarf verfügbar ist. Vielleicht bekommt ihr auch Lust auf einen richtigen Erste-Hilfe-Kurs!

BALSAM FÜR DIE SEELE

Nichts geht über Berührung! Über sie erfahren wir unmittelbar Liebe. Und in schweren Momenten ist es die Liebe, die uns hilft, anzunehmen. Massageöl selbst anzufertigen lenkt wohltuend ab, während wir überlegen, welcher Duft uns guttun könnte. Das sanfte Mischen des Öls tröstet. Während wir massiert werden, beruhigen uns die ätherischen Öle. Die sanfte Massage lässt uns die Liebe desjenigen erfahren, der uns berührt. Das kann man aber auch selbst sein! Ein persönliches Pflegeöl ist ein schönes und tröstendes Geschenk. Vielleicht hast du sogar Lust, dir eine kleine Duftapotheke anzulegen und mit Familie und Freunden gemeinsam Düfte zu mischen.

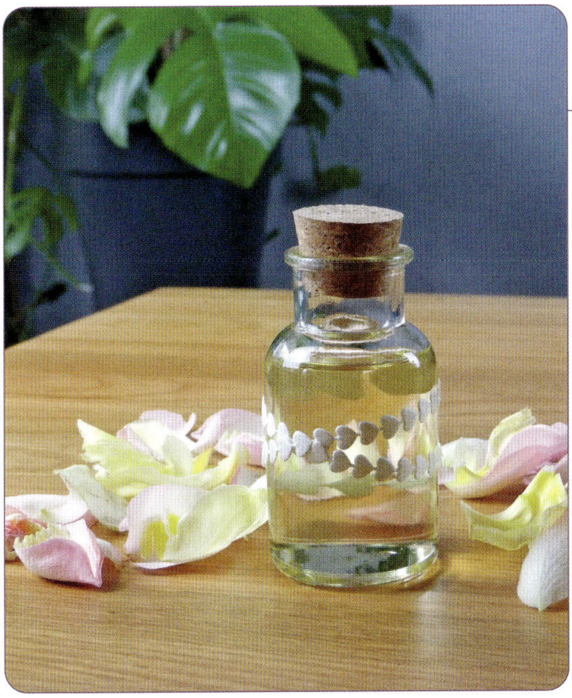

Bei uns sammeln sich immer schöne kleine Fläschchen an und warten auf die nächste Füllung. Ein schönes Geschenk!

MATERIAL

- Basispflegeöl, z.B. Mandelöl, Jojoba-Öl
- Auswahl an ätherischen Ölen, z. B. Patchouli, Vanille, Neroli, Rosengeranie (Beachte die Warnhinweise auf den Ölen, wenn welche zu finden sind.)
- Fläschchen, sauber
- Trichter, passend zum Fläschchen
- Aufkleber zum Beschriften
- Stift

SO WIRD'S GEMACHT

1 Besorge dir eine schöne Flasche, um das fertige Öl aufzubewahren und ein schönes Basispflegeöl. Mandelöl z.B. ist neutral und meist für Kinderhaut verträglich. Aber es gibt auch andere geeignete Öle wie Jojoba-, Aprikosenkern- oder Sesamöl, am besten in Bioqualität.

2 In vielen Naturkostläden oder guten Drogerien kannst du ätherische Öle schnuppern, bevor du sie kaufst. Entdecke die Zusätze und entscheide dich für 2–4 unterschiedliche Duftnoten.

3 Fülle das Basisöl mithilfe eines Trichters in deine Flasche und ergänze es mit wenigen Tropfen ätherischem Öl (nicht mehr als 1%) ganz nach deinem Duftempfinden.

4 Schüttele dein Öl durch und probiere es auf deiner Haut.

5 Wenn dir die Mischung gefällt, kannst du dein Fläschchen beschriften.

Nun kann es losgehen mit der Massage!

STERNE!

Sterne sind ein wundervoller Ort der Zuflucht, wenn man sich erst einmal in die Dunkelheit wagt. Ein Spaziergang unter dem Sternenhimmel ist heute nur noch begrenzt möglich, die meisten von uns leben an Orten, an denen nur die hellsten Sterne am Nachthimmel zu entdecken sind. Lediglich der Mond schafft es noch, unsere Aufmerksamkeit zu erwecken, wenn er ab und an nach Sonnenuntergang blutrot am Horizont steht. Doch gerade in traurigen Zeiten kann uns der Sternenhimmel Zuflucht sein. Und wenn es ein Besuch im Planetarium ist! Auch hier werden wir mit den philosophischen Seiten des Daseins konfrontiert, und das bewegt unseren durch Erschütterung geplagten Geist. Schau in die Sterne! Ein Blick in die Vergangenheit ist zugleich ein Blick in die Zukunft …

Als Kind habe ich immer gut aufgepasst, dass der Mond auf der Heimfahrt von meinen Großeltern nicht verschwindet. So war ich sicher, das es unser Mond ist, der uns begleitet.

MATERIAL

- selbstleuchtende Sternkarte (Kosmos) / Sterne-App
- Ausrüstung für einen Spaziergang im Dunkeln
- wolkenloser Abendhimmel :-)

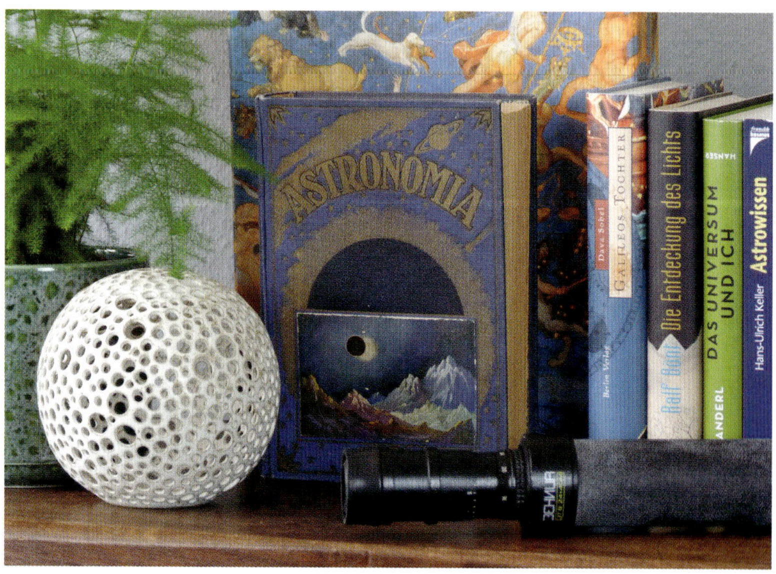

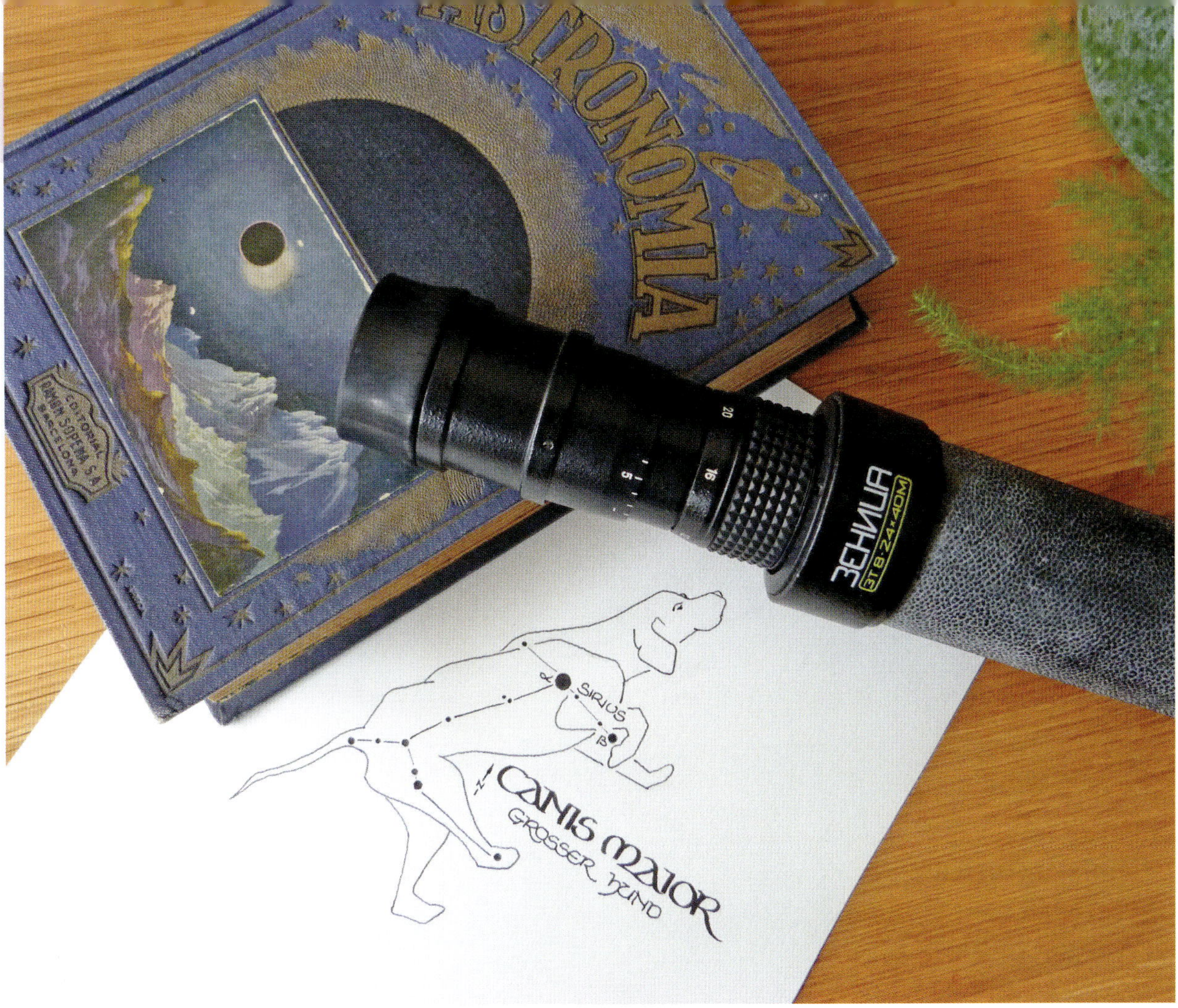

SO WIRD'S GEMACHT

1 Mache einen Spaziergang an einen möglichst dunklen Ort.

2 Orientiere dich. In welche Himmelsrichtung schaust du? Versuche, den großen Bären zu finden (vorausgesetzt, du befindest dich auf der Nordhalbkugel der Erde!). Nimm die Sternkarte zu Hilfe, wenn du dabei Schwierigkeiten hast.

3 Suche mithilfe des großen Bären den kleinen Bären und seinen Schwanzstern, den Polarstern. Der Polarstern markiert die Himmelsrichtung Norden.

4 Verweile mit dem Blick in diese Himmelsrichtung und versuche, weitere Sternbilder auszumachen. Findest du das Himmels-W, die Göttin Kassiopeia? Ihren Ehemann Cepheus? Es bedarf sehr großer Fantasie, in den Sternen Figuren zu erkennen. Vielleicht erfindest du auch einfach deine eigenen Sternbilder?

5 Auch in Blickrichtung Süden sind schöne Sternbilder auszumachen, sie verändern sich im Jahreszeitenwechsel. Vielleicht entdeckst du mithilfe von Sternkarte oder App eines der Tierkreiszeichen, die in Blickrichtung Süden am Himmel blinken. Und vielleicht auch einen Planeten unseres Sonnensystems, etwa Mars oder Jupiter? Sie sind nicht immer zu sehen, da sie wie die Erde um die Sonne kreisen und nicht immer an derselben Stelle stehen. Auf einer drehbaren Sternkarte sind sie deshalb nicht zu finden, vielleicht aber in deiner Stern-App!

6 Verweile unter dem Sternenhimmel und lasse das Licht der Sterne einfach auf dich wirken. Du bist Teil des Ganzen, aber die Sterne leuchten einen Augenblick lang nur für dich!

EIN DIORAMA

Ein Diorama ist ein Schaukasten, der eine kleine eigene Welt beinhaltet. Wenn ich einen geliebten Menschen verloren habe, möchte ich vielleicht einen Ort in meiner Nähe haben, an dem ich mich ganz bewusst mit ihm verbinden kann, mich an ihn und uns erinnere. Ein Diorama kann dabei helfen. Das Gestalten lenkt die Aufmerksamkeit hin zu dem lieben Menschen. Es macht den Verlust zwar deutlicher, aber es bringt mich in Aktion. Es ist ein Ort, an dem ich Verbindung aufnehmen kann, der gefüllt ist mit Energie und Sehnsucht. Dann fällt es mir vielleicht auch leichter, im Leben weiterzugehen – auch ohne ihn. Kinder wissen übrigens oft ganz genau, wie der Ort aussehen soll, an dem man sich gerne erinnert!

Wir haben eine kleine Erinnerungspinnwand, an der sich Wegbegleiter und kleine Engelchen sammeln.

MATERIAL

- Karton ohne Deckel, von innen gut bemalbar
- Dispersionsfarben
- Pinsel
- Lichterkette, batteriebetrieben
- Ahle
- Kleber
- Naturmaterial, individuell
- Erinnerungsstücke, individuell

TIPP

Ein selbst gebasteltes Diorama ist auch ein schönes Geschenk, um an jemanden zu erinnern!

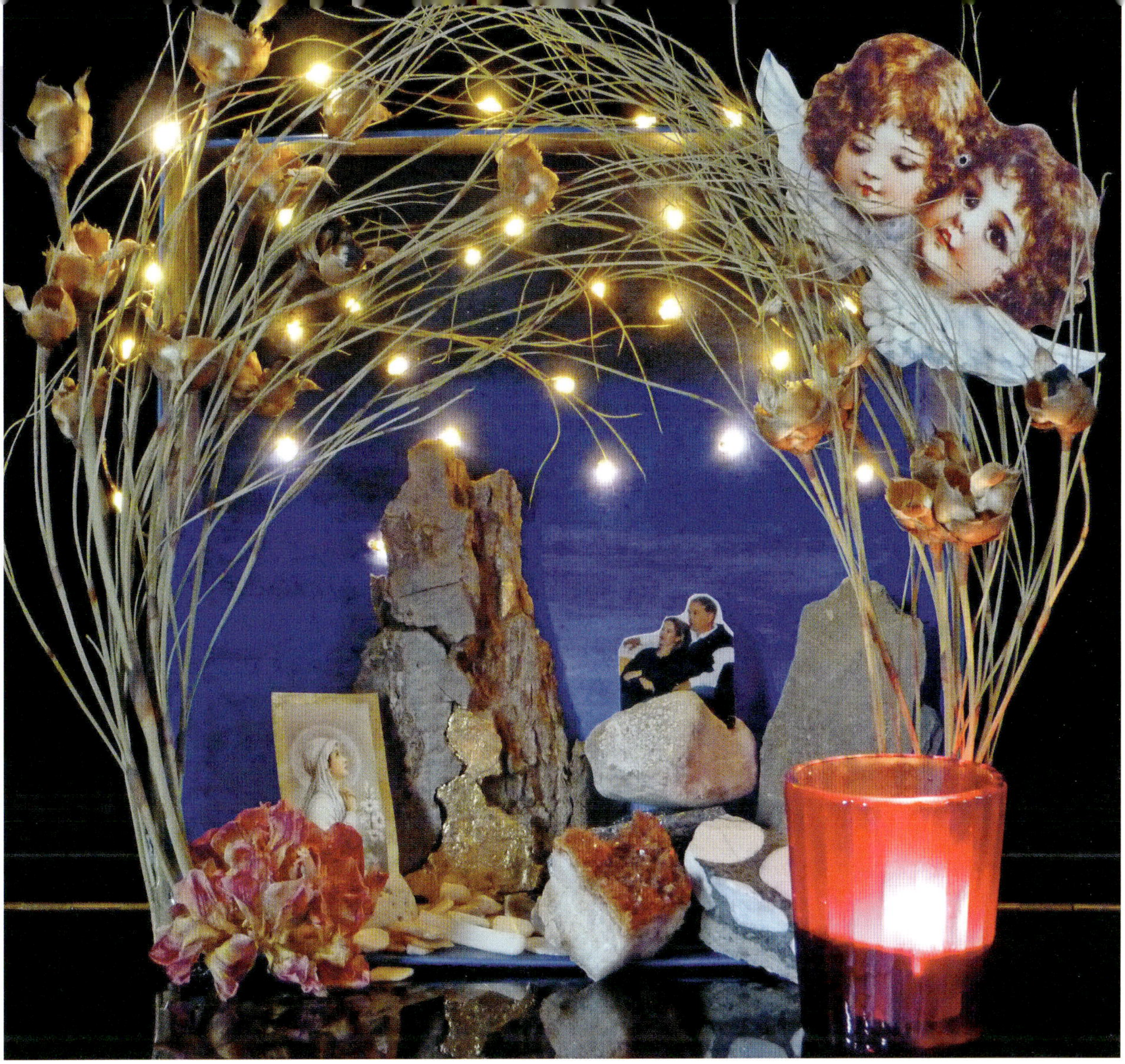

SO WIRD'S GEMACHT

1 Stelle den Karton mit der Öffnung nach vorne auf und male ihn von innen an. Überlege dir, welche Landschaft du darstellen möchtest: eine Nachtstimmung, eine Seestimmung, eine Waldlichtung? Welcher Ort verbindet dich mit dem Menschen, dem das Diorama gelten soll?

2 Bohre mit einer Ahle kleine Löcher an die Rückwand und bringe hier von außen eine kleine Lichterkette an. Das schafft eine schöne Stimmung und Innenbeleuchtung.

3 Gestalte dein Diorama nach eigenen Vorstellungen. Verwende dafür Naturmaterialien und bringe deine Erinnerungsstücke ein.

4 Suche einen Ort, an dem dein Diorama stehen kann, dir Zuflucht und ein Ort der Ruhe sein darf. Vielleicht gehört auch eine Kerze dazu. Schaffe dir Momente im Alltag, die nur für dich und den lieben Menschen bestimmt sind.

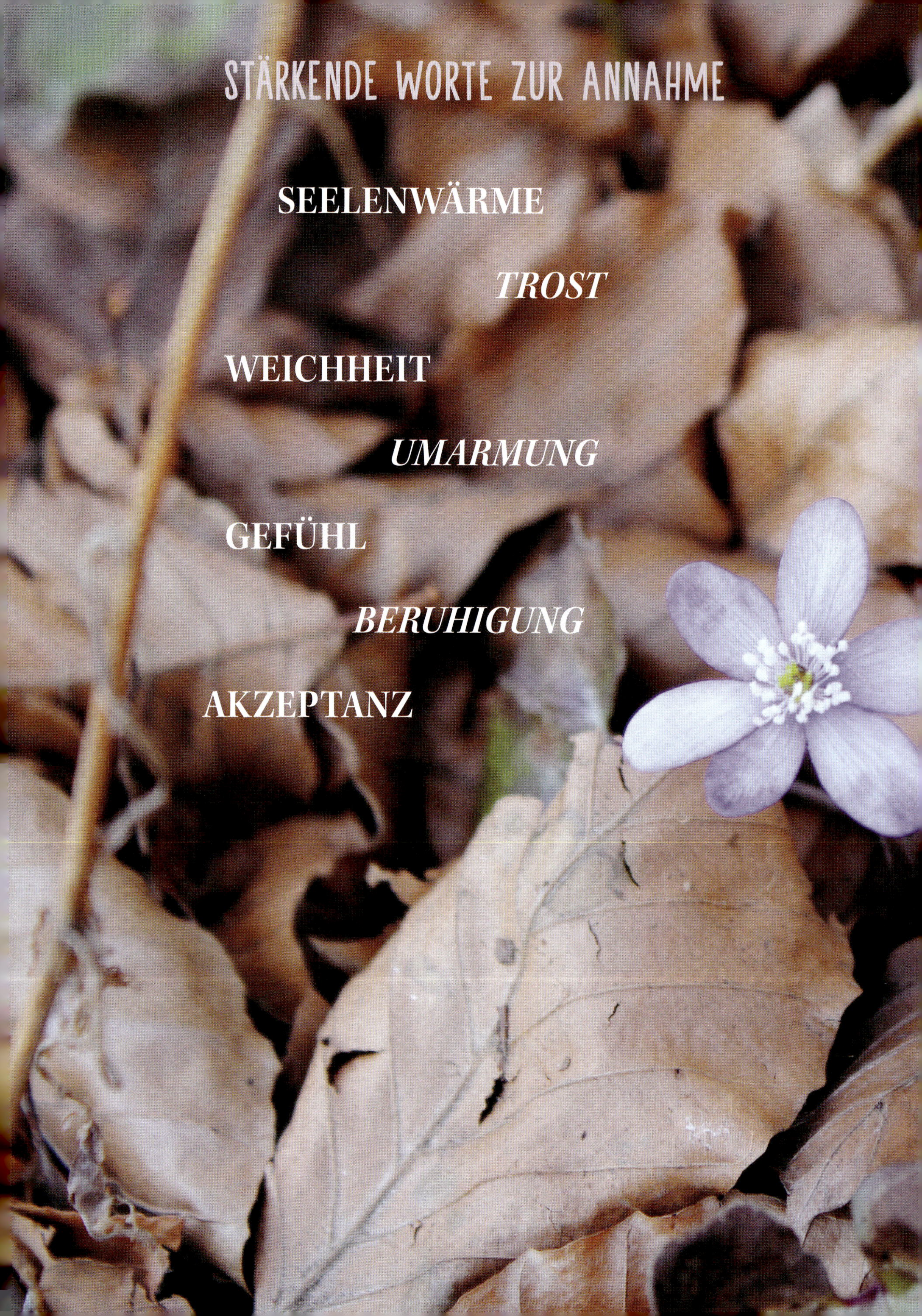

STÄRKENDE WORTE ZUR ANNAHME

SEELENWÄRME

TROST

WEICHHEIT

UMARMUNG

GEFÜHL

BERUHIGUNG

AKZEPTANZ

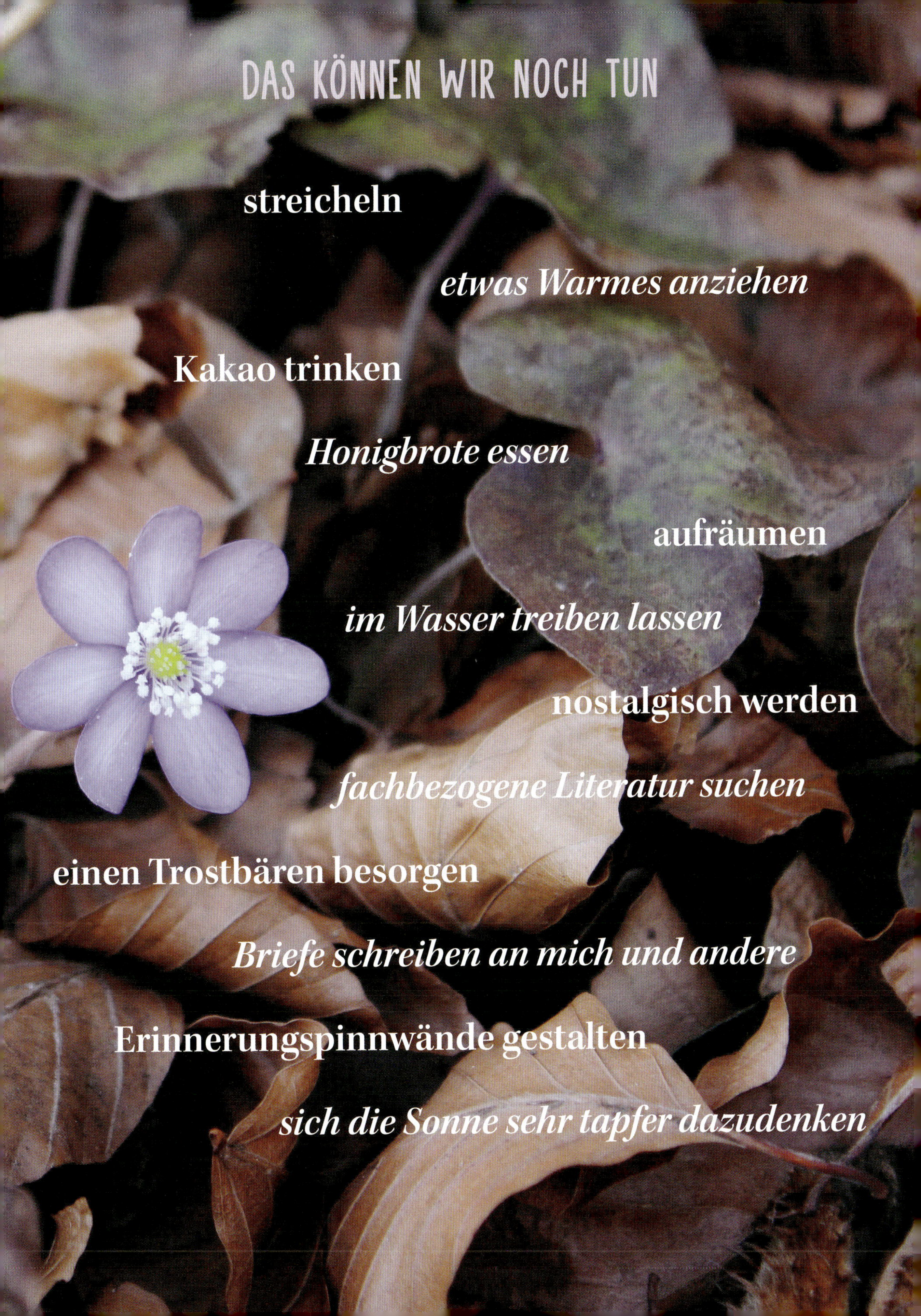

DAS KÖNNEN WIR NOCH TUN

streicheln

etwas Warmes anziehen

Kakao trinken

Honigbrote essen

aufräumen

im Wasser treiben lassen

nostalgisch werden

fachbezogene Literatur suchen

einen Trostbären besorgen

Briefe schreiben an mich und andere

Erinnerungspinnwände gestalten

sich die Sonne sehr tapfer dazudenken

Überforderung
Hochsensibilität
Stillstand
Rückzug
Abwehr
Lethargie
Flucht
Gefühlskälte
Wutausbrüche

„Wo bin ich?"

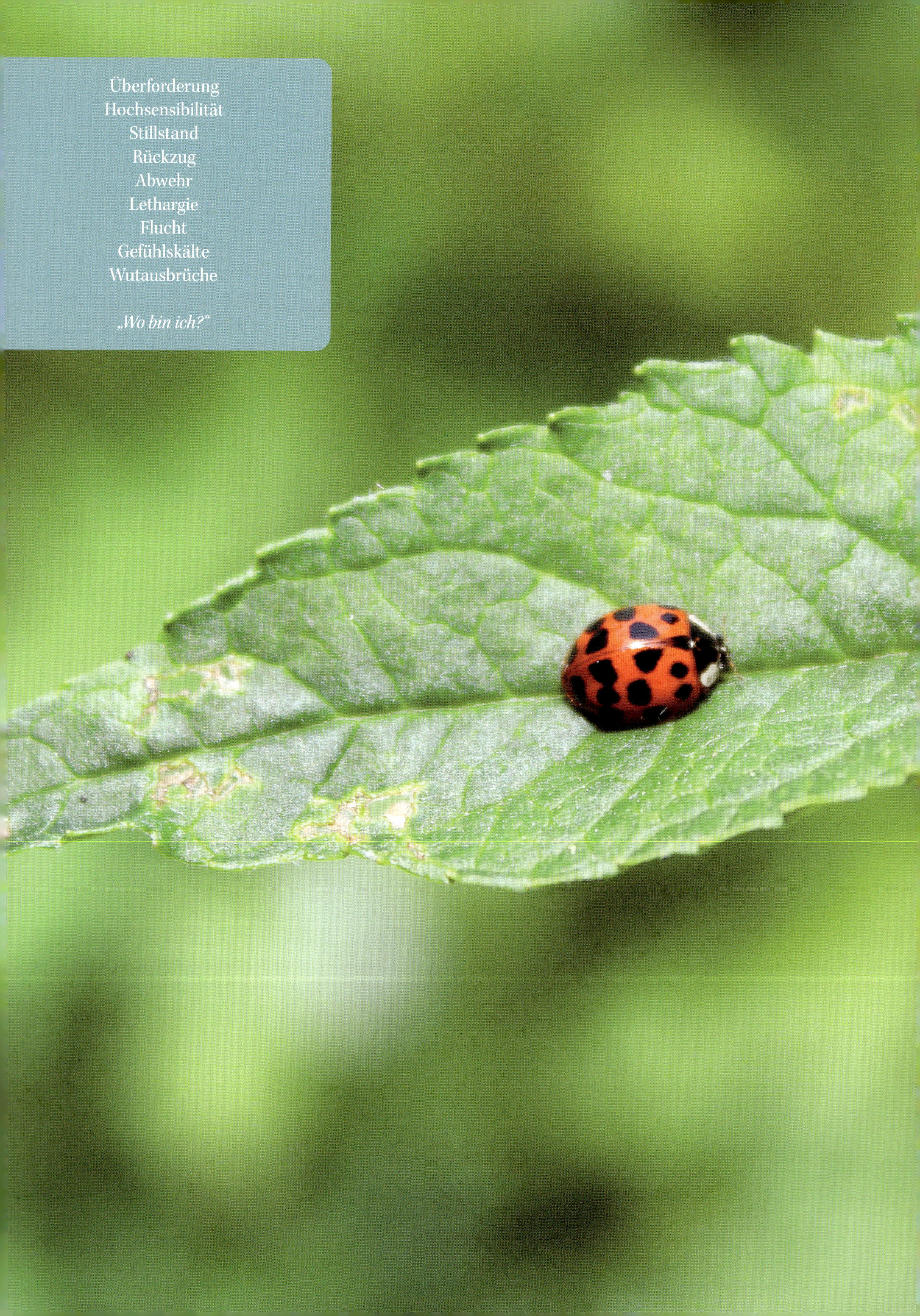

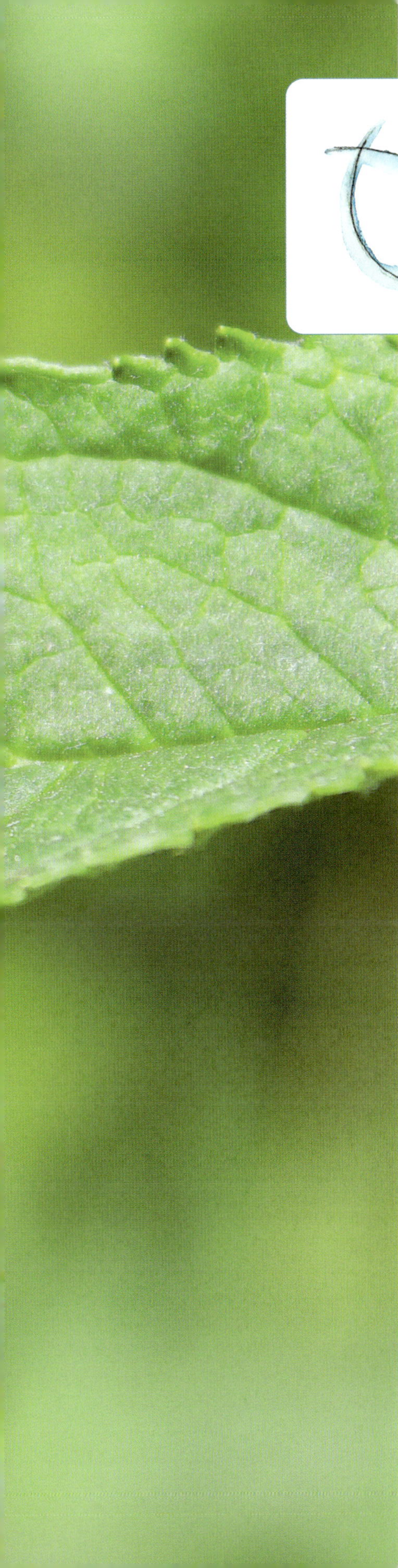

SELBSTBESINNUNG

Anzeichen für eine längst überfällige Entdeckungsreise zur Selbstbesinnung könnte eine spürbare soziale Überforderung sein, die sich in natürlichem Rückzug äußert. Ist dieser nicht möglich, so steigert sich das Unwohlsein und kann zu ungewollten Ausbrüchen führen – oder zu Gefühlskälte. Bevor man in einer solchen Situation wieder versucht, mit der Umwelt in Kontakt zu treten, ist es ratsam, sich bewusst zurückzuziehen, denn:

In der Stille liegt die Kraft.

Hochsensible Menschen sind oft betroffen. Erst wenn man wieder mit sich selbst in Kontakt kommt, kann man auch wieder stimmige Resonanz zum Außen aufbauen. Um mit sich selbst zu sein, braucht es nicht viel – und doch gibt es einige kreative Werkzeuge, die helfen können, zu sich zu finden. Hier geht es noch nicht um Sensibilisierung (siehe folgendes Kapitel), sondern erst einmal darum, sich selbst zu genügen. Es geht darum, die eigenen, lebensnotwendigen Grenzen nach außen zu erkennen – und zu ziehen!

Die Projekte in diesem Kapitel kann und sollte man ausnahmslos in Ruhe allein gestalten. Kinder sollte man in der Idee und Materialbeschaffung unterstützen, sie danach jedoch ungestört sich selbst überlassen. Letztlich sind aber alle kreativen Projekte in diesem Kapitel bestens dazu geeignet, wieder in Kontakt zu sich selbst zu kommen und die eigene Gesellschaft wieder mehr zu genießen.

HELFENDES MATERIAL

Stoffe und Laken, Wolle, Pflanzen, Farben, eigene Schätze

GANZ FÜR MICH

Baue dir eine Höhle und sei ganz bei dir! Das beste Rezept, sich selbst zu finden, ist der Rückzug in eine Höhle. Es gibt unendliche Möglichkeiten, eine zu bauen, zu Hause oder draußen, in der Natur!

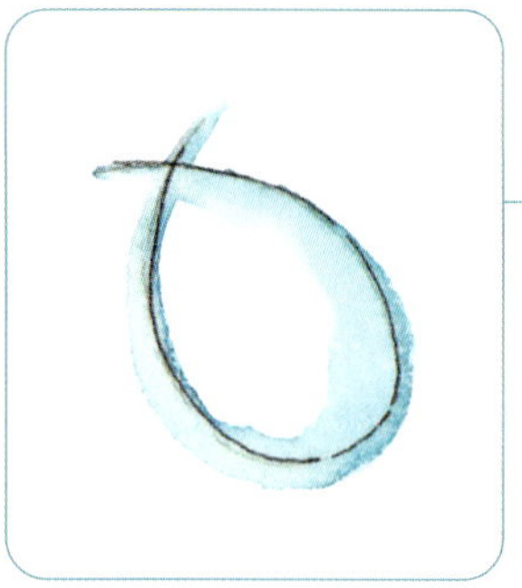

Wer ein Stockbett hat, hat beim Bauen von Höhlen Vorteile. Unsere Kids haben hier immer Möglichkeiten gehabt, sich mit Tüchern und Decken abzugrenzen! Auch große Kartons haben hier schon viele Dienste erwiesen, die über ihre eigentlich gedachte Verwendung hinausgingen ...

MATERIAL

- Stangen, Stöcke, Pappkarton
- Textiles: Tücher, Laken, Kissen, Decken
- Befestigungsmaterial: Bänder, Schnüre
- Begleiter nach Wahl: Kuscheltier, Spiegel, Taschenlampe, Snacks ...

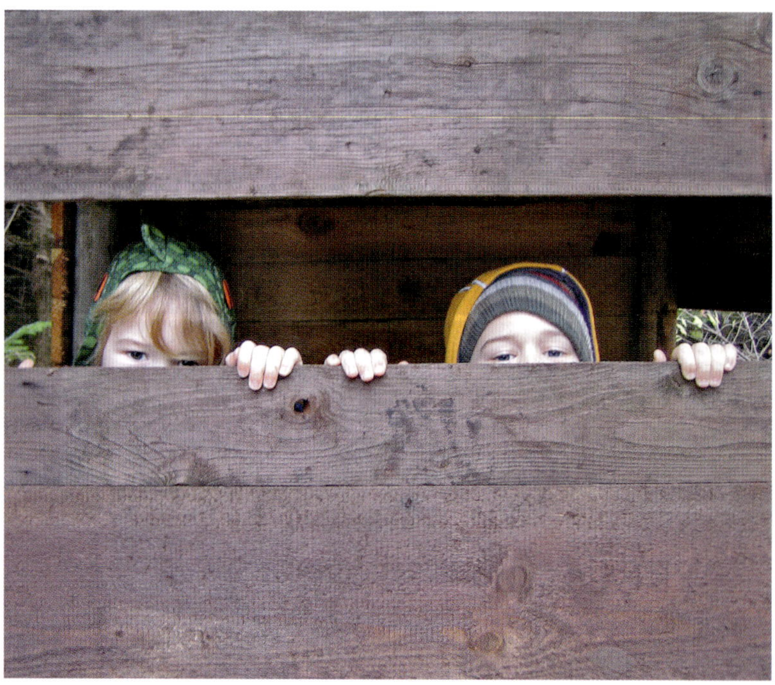

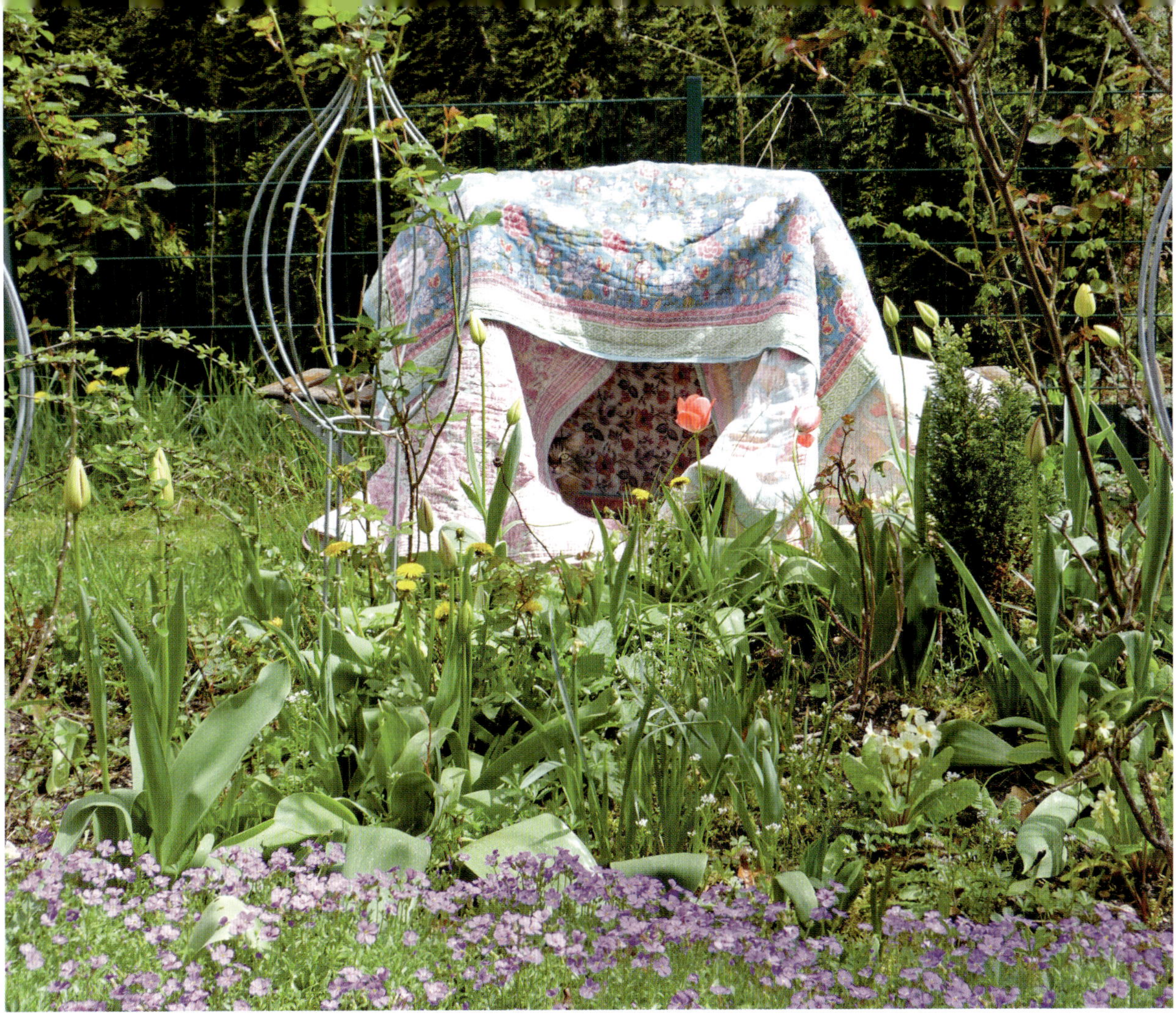

SO WIRD'S GEMACHT

1 Was braucht deine Höhle? Mache eine Liste mit den Dingen, die dich begleiten sollen, aber wähle nicht zu viele aus. Aus welchem Material soll deine Höhle bestehen? Was brauchst du zum Wohlfühlen? Begib dich auf Entdeckungsreise und suche dir die Zutaten, die deinen perfekten Rückzugsplatz bestimmen sollen! Wo soll sich deine Höhle befinden? Suche einen Ort, der geschützt ist und an dem deine Höhle so lange existieren darf, wie du sie brauchst!

2 Jetzt geht es um die Gestaltung der Höhle. Lasse deiner Fantasie freien Lauf! Diese Höhle ist nur für dich! Nur du sollst dich darin wohlfühlen. Ist das nicht toll?

3 Wenn die Höhle fertig ist: Versorge dich mit dem Nötigsten, Wasser, Obst, deinen Begleitern ... Und nun: Nichts wie rein ins Versteck! Spüre, wie es sich anfühlt, in DEINEM Raum! Nimm dir Zeit für dich.

4 Vielleicht ist deine Höhle eine einmalige Angelegenheit, vielleicht aber brauchst du sie öfter. Vielleicht, aber das muss ja nicht sein. Wenn die Zeit gekommen ist, nimmst du vielleicht Freunde mit hinein in deine Höhle oder baust sie wieder ab – aber trägst das Bild von ihr als Rückzugsmöglichkeit in deinem Kopf.

Liebe Eltern, ganz wichtig: Betretet oder zerstört niemals eine Höhle, ohne eure Kinder um Erlaubnis zu fragen. Wählt gemeinsam Orte in der Wohnung oder im Garten, in denen die Kinder bestimmen dürfen, wie sie genutzt werden. Werft allerdings einen Blick auf die Sicherheit, wenn die Kinder mit Seilen und Stoffen arbeiten, und achtet auf gute Luftzufuhr. Wenn sich die Kinder zurückziehen, lasst sie bei sich. Aber gebt ihnen dennoch das Gefühl, dass ihr da seid.

SO SEHE ICH MICH

Eine sehr tiefgreifende Auseinandersetzung mit dir selbst erfährst du, indem du dich selbst malst. Dies kann spielerisch geschehen, aber auch eine sehr ernste Angelegenheit sein. Zunächst musst du dabei einen Termin mit dir vereinbaren, an dem du einen ganzen Nachmittag Zeit für dich hast. Du solltest ungestört sein und ausreichend Platz haben. Wenn es dir gerade wirklich schlecht geht und du Schwierigkeiten hast mit dir allein, höre auf dich und überlege, ob diese Idee für dich geeignet ist. Natürlich kannst du auch zu zweit wunderbar dieses Projekt machen – dann schlägt diese Übung eine Brücke in das Kapitel Verbindung.

Inspirationen für Körperbilder habe ich in kunsttherapeutischen Sitzungen und Fortbildungen kennengelernt. Alleine, in der Gruppe, mit vielen Kindern gemeinsam habe ich viel Erfahrung mit dieser Übung gemacht und immer wieder festgestellt: Die größte Wirkung hat man auf sich selber!

MATERIAL

- großes helles Papier, so groß wie du (bei Bedarf zusammenkleben!)
- Buntstift für Umrisse
- Dispersionsfarben
- Borstenpinsel
- Wassereimer
- Malerkittel

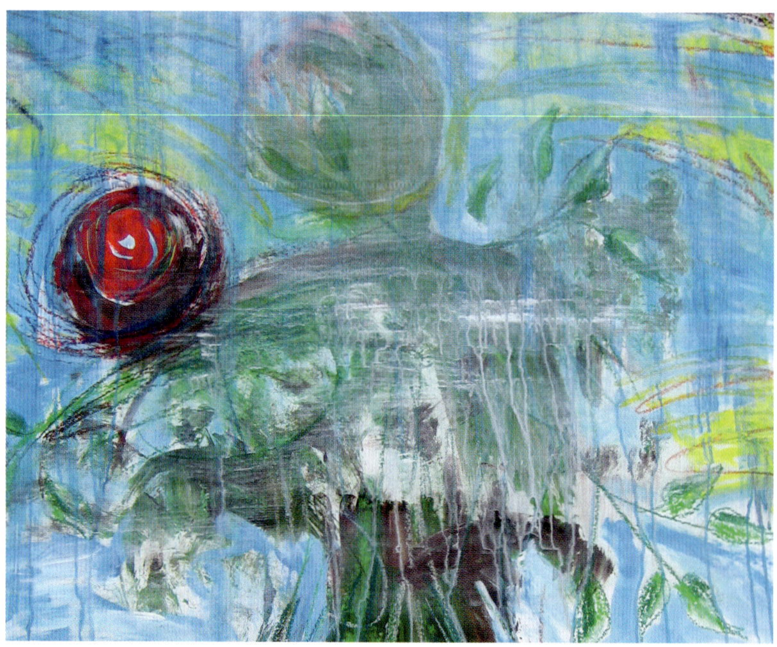

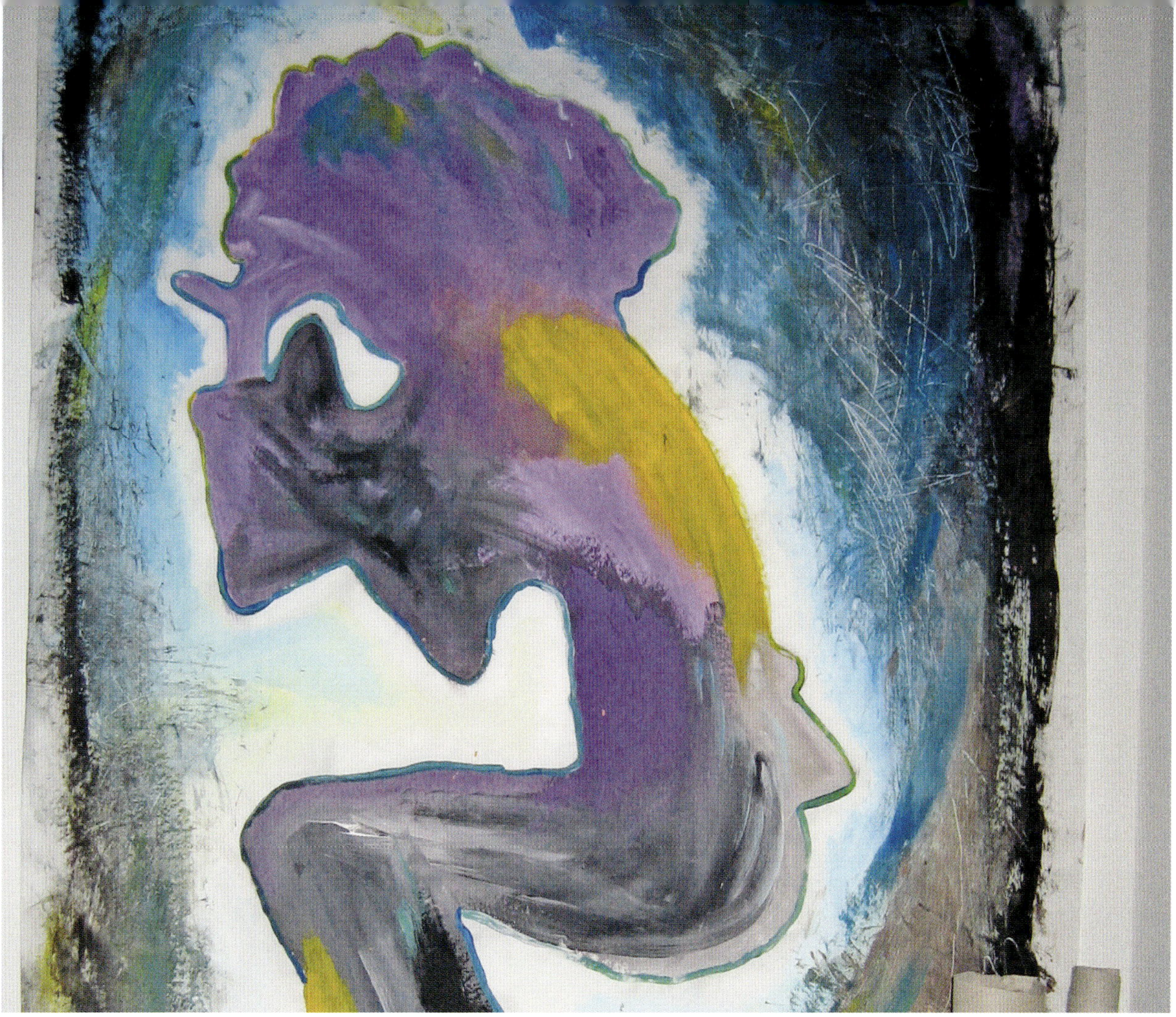

SO WIRD'S GEMACHT

1 Setze dich mittig auf das Papier und beginne mit den Beinen. Ummale sie mit einem Stift. Lege dich nun hin und umfahre die Umrisse deines Körpers langsam und behutsam. So schaffst du ein Abbild von dir auf dem Papier.

2 Schaue dir deine Kontur bewusst an. Es ist nur ein ungefähres Abbild von dir, aber es nimmt sich den Platz, den es braucht!

3 Fülle deinen Körper mit Farben, die dir guttun. Spüre: Was tut mir gut? Brauche ich Gelb, brauche ich Rot? Was für Farben sehe ich innen und welche sind außen? Male mit Einsatz deines ganzen Körpers, nutze die Farbpalette, die du brauchst. Vielleicht gibt es Körperteile, die besondere Aufmerksamkeit benötigen, speziellere Farben bekommen, übermalt werden oder unbemalt bleiben?

4 Lasse dein Körperabbild trocknen. Nimm dir Zeit für dich. Vielleicht brauchst du Abstand, magst dir Notizen machen. Das Reinigen der Pinsel hat seine eigene Wirkung.

5 Schaue dir dein Bild liebevoll an. Reflektiere die Gedanken, die im Laufe des Prozesses gekommen sind. Beobachte genau deine Kontur, deine Grenze nach außen, die Farbveränderungen der Umgebung deiner Kontur.

6 Vielleicht möchtest du das Abbild als Kraftbild für dich aufhängen. Vielleicht aber findet es auch einen geheimen Ort oder wird in deinen Gedanken abrufbar. (In der Variante zu zweit könnt ihr euch gegenseitig ummalen, beim Ausmalen helfen und miteinander über euch austauschen. Achtet aufeinander.)

MEIN SCHATZ

Bei dir zu sein bedeutet ja auch, für dich zu bestimmen, was dir lieb und wert ist. Eine schöne Beschäftigung ist es, sich dessen einmal ganz bewusst zu werden, indem du eine Schatzkiste bastelst, in der das Liebste einen Platz findet: liebste Materialien und Dinge, liebste Erinnerungen, Bilder liebster Menschen und Momente … Was möchtest du bei dir haben? Aber eben auch in einer Kiste, die nur für dich bestimmt ist.

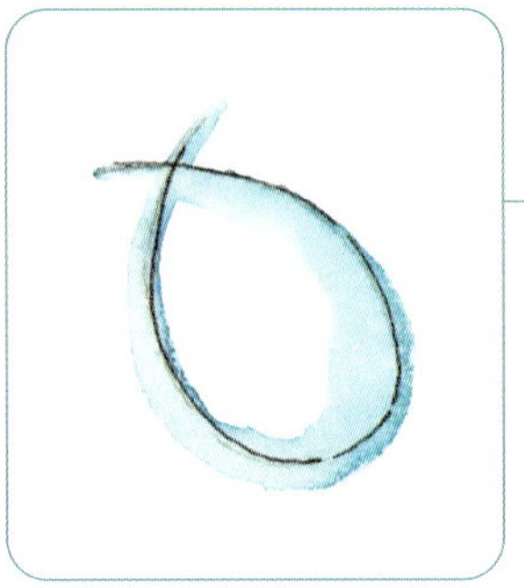

Manchmal tauchen kleine Schätze nach Jahren wieder auf, zaubern uns ein Lächeln ins Gesicht und erzeugen ein wohliges Gefühl. Eine Geldbörse mit selbstgemalten Euroscheinen ist mir erst kürzlich in die Hände gefallen.

MATERIAL

- Kiste
- Kleber
- Farben, Bänder oder Steine
- Inhalt nach Belieben
- Vorhängeschloss oder Versteck

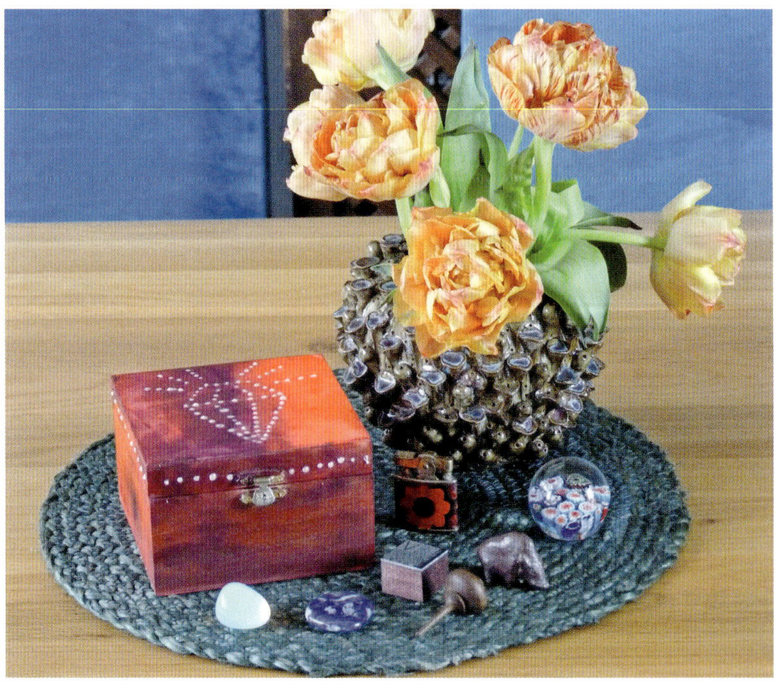

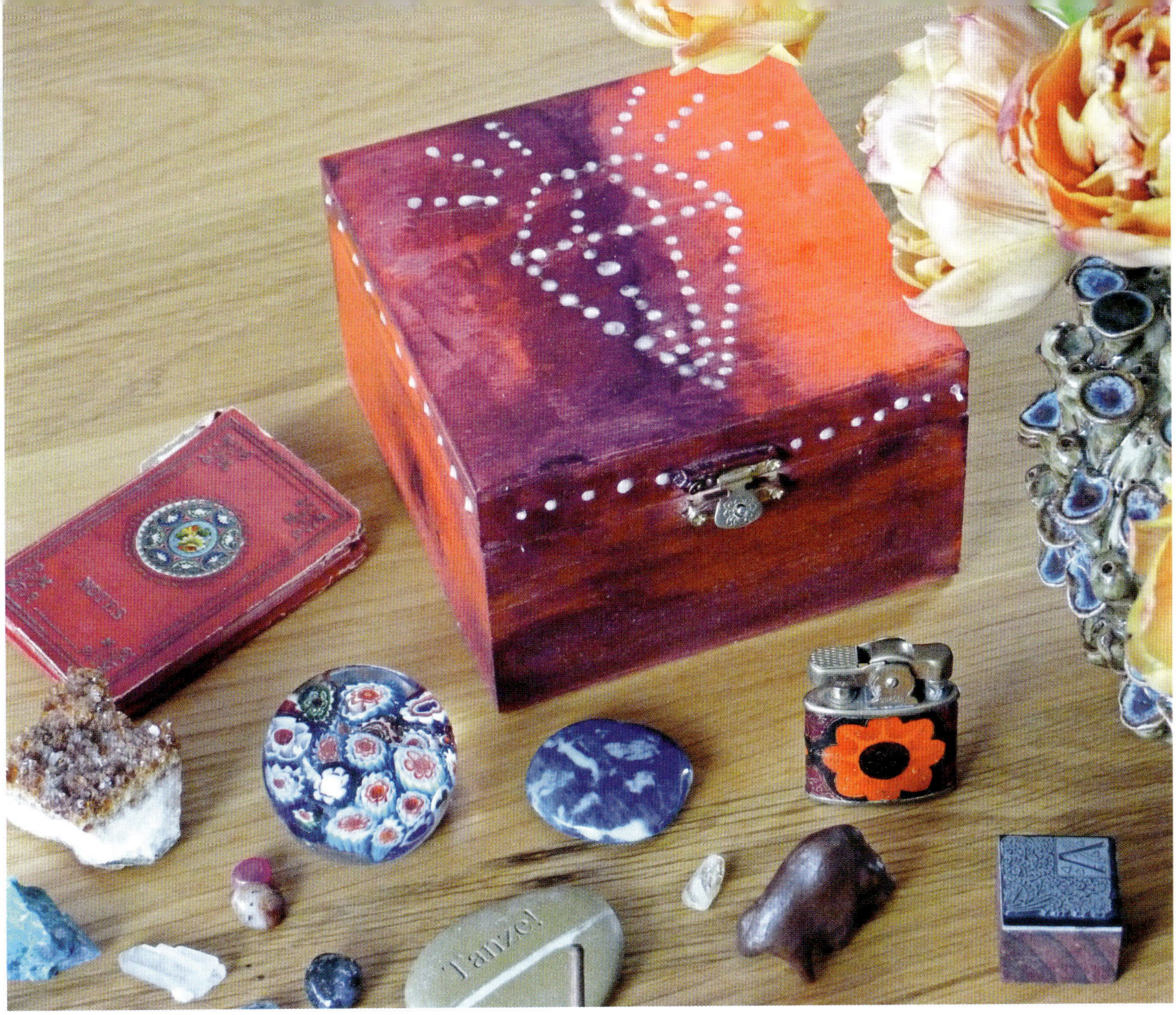

SO WIRD'S GEMACHT

1 Mach dich auf die Suche: Aus welchem Material soll deine Schatzkiste bestehen? Wie groß muss sie sein? Möchtest du sie selbst basteln? Hast du vielleicht ein altes Familienstück geerbt, das du dafür verwenden magst? Oder aber gibst du Geld aus, um dich mit einer ganz besonderen Kiste zu beschenken? Wer sucht, wird fündig!

2 Wenn du deine Schatzkiste individuell gestalten möchtest, dann wähle die Farben und Materialien dafür aus, die dir am Herzen liegen, und lasse dir beim Gestalten auf keinen Fall reinreden!

3 Was kommt in deine Schatzkiste? Entscheide bei jedem Teil sorgsam und gewissenhaft. Vielleicht wirst du feststellen, dass es Erinnerungen gibt, die zwar schön sind, aber keinen Schatztruhe-Status haben. Vielleicht entwickelt sich auch eine Ecke für Visionen, in der Platz bleibt für die Zukunft?

4 Deine Kiste soll nur deine Kiste sein. Bei Bedarf sichere sie mit einem Schloss, denn der Inhalt ist nur für dich bestimmt oder wird freiwillig von dir gezeigt.

5 Suche einen geeigneten Ort für die Aufbewahrung deiner Schatzkiste. Vielleicht ist der in deiner Höhle? Verwende deine Schatzkiste ganz bewusst als Kraftquelle, wenn du sie benötigst. Nimm dir Zeit, die Dinge in deiner Kiste zu betrachten und zu befühlen. Vielleicht gibt es auch Gefühle oder innere Momente, die einen Platz in deiner Schatzkiste finden, in einem unsichtbaren Innenfach!

Schatzmeister zu sein, ist eine sehr wichtige Aufgabe. Sein eigener Schatzmeister zu sein, ist noch wichtiger.

IM MIKROKOSMOS

Eine gute Möglichkeit, unter Einbeziehung der Außenwelt zu dir selbst zurückzufinden, ist die Gestaltung einer Miniaturwelt. Diese Form von Auseinandersetzung mit der Umwelt hat auch eine philosophische Komponente: Wie groß bin ich? Wie klein? Wie weit möchte ich am liebsten verschwinden können in meiner kleinen Welt? Wer schaut auf uns in dieser Welt??? Wenn du es klassisch magst, konzentrierst du dich auf Naturmaterial wie Moose, Hölzer, Zapfen, Steine etc.: Denn das Gefühl, damit zu arbeiten, unterstützt den Prozess der Selbstbesinnung, indem es zusätzlich erdet. Kindern macht es großen Spaß, in der Natur Objekte zu finden und sie zu einem eigenen kleinen Kosmos zusammenzusetzen. Doch oftmals verselbstständigt sich dieses Spiel und zusätzliches Material, wie Holzfiguren, Plastiktiere etc., kommt hinzu. Das ist natürlich total erlaubt!

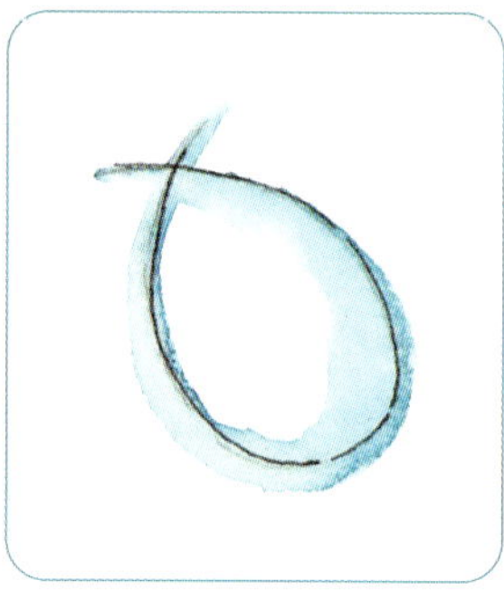

Ich weiß nicht, ob meine Mutter es mir beibrachte oder ich selbst damit anfing. Aber auf jeden Fall durfte ich bei jedem Waldspaziergang kleine Fundstücke sammeln und sie gab mir eigenen Raum und Zeit, daraus einen Mikrokosmos zu gestalten. Am schönsten waren jene im Herbst, mit kleinen Pilzen und Flechten.

MATERIAL

- Korb zum Sammeln
- Naturmaterial: Moos, Stöcke, Pflanzen, Steine etc.
- Tablett
- Dinge zum Gestalten nach Belieben
- gegebenenfalls Sprühflasche zum Befeuchten von Pflanzlichem

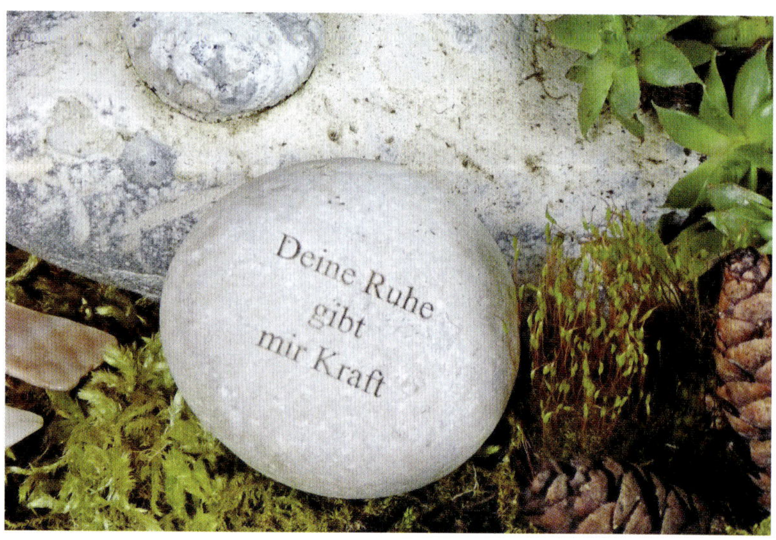

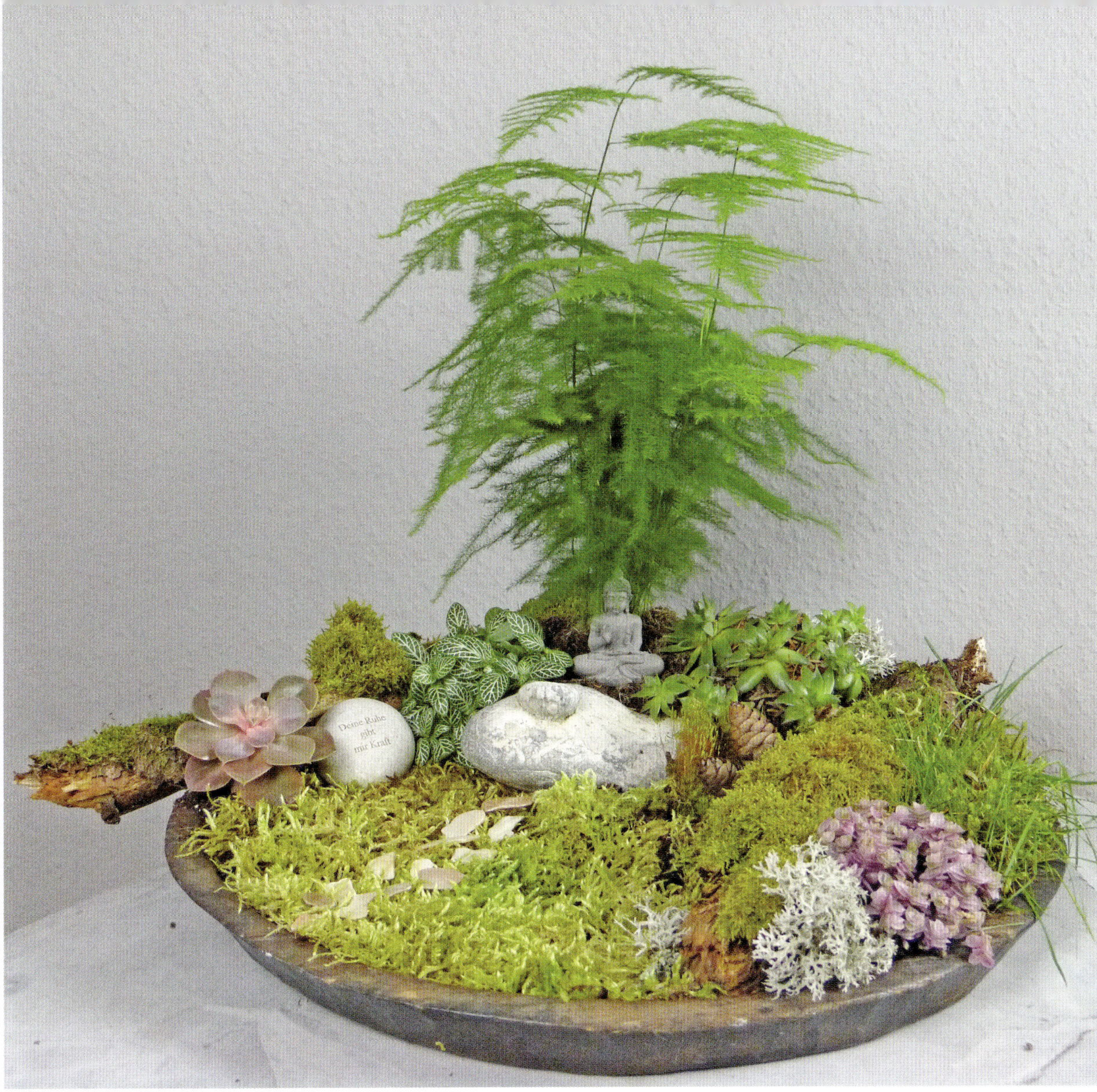

SO WIRD'S GEMACHT

1 Suche bei einem Spaziergang in der Natur geeignetes Material, doch gehe dabei behutsam mit unserer Umwelt um. Beobachte genau! In kleinen Astgabeln, getrockneten Samenständen und in Steinformationen oder bemoosten Hölzern findet sich manchmal ein ganzes Universum!

2 Breite die gesammelten Werke auf einer Unterlage vor dir aus und suche ein geeignetes Tablett.

3 Gestalte deinen Kosmos ganz nach deinen Vorstellungen und ergänze ihn mit individuellem Material.

4 Finde den schönsten Platz für deinen Mikrokosmos. Beinhaltet er Pflanzenteile oder Moose, besprühe ihn beizeiten mit etwas Regenwasser.

5 Ergänze deinen Kosmos nach Belieben und nimm dir immer wieder Zeit für ihn. Diese kleine Welt mag dir ein Rückzugsort sein, an dem deine Gedanken Freizeit haben und du philosophischen Fragestellungen auf den Grund gehen kannst!

GRENZEN ZIEHEN

Immer wieder ziehen wir Grenzen um uns herum, und das ist auch gut so. Mit Grenzen kannst du dich kreativ auseinandersetzen, um sie dir bewusst zu machen. Gerade mit Kindern ist es eine gute Übung, Grenzen sichtbar und erfahrbar zu machen, und nicht nur die negativen Seiten daran, sondern auch die schützenden zu erkennen. Für Erwachsene ist es interessant herauszufinden, wo Grenzen zu verfestigt sind und wo sie wünschenswert wären. Ein wunderbares Material hierfür ist der Wollfaden. Ein natürliches Produkt, das sich wunderbar verstricken lässt, solitär jedoch sensibel und trennend erscheint. Mit einem Faden kann ich optisch Räume zerschneiden, mit sehr wenig Material künstlichen Abstand schaffen, eben: Grenzen ziehen. Und das wollen wir hier tun.

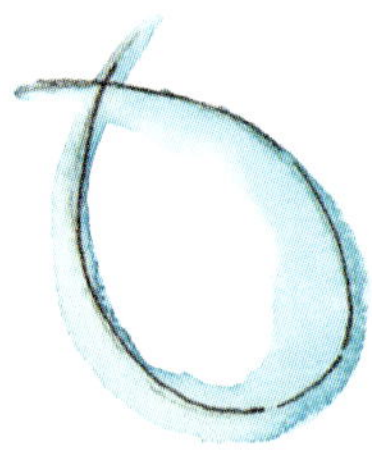

Mit Wollfäden kann man wunderbar die Landschaft in Inseln unterteilen, die es dann zu erobern gilt – ohne die Fäden zu berühren. Bei uns war dieses Spiel immer ein Highlight auf den Kindergeburtstagen!

MATERIAL

- Wollreste in mehreren Farben
- Schere

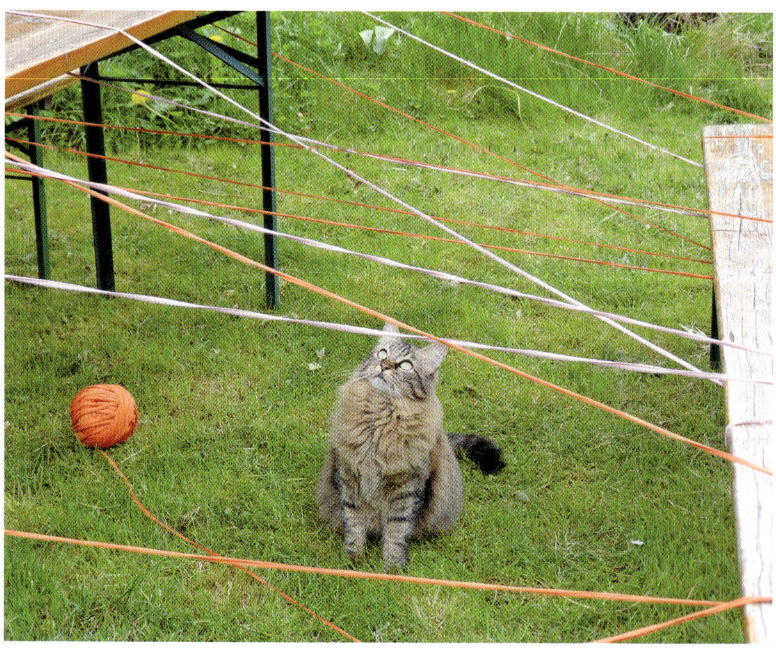

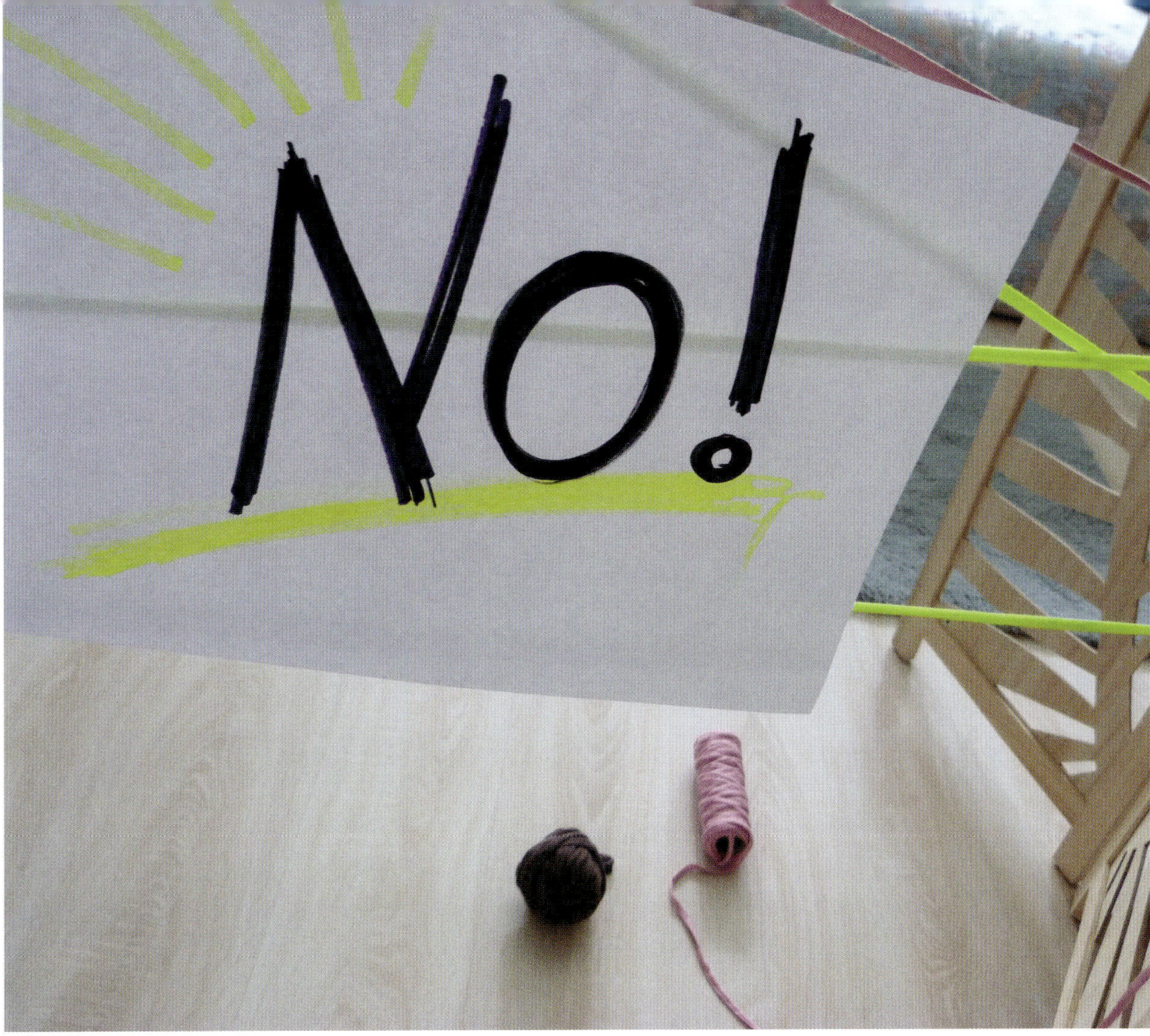

SO WIRD'S GEMACHT

1 Suche einen größeren Raum aus, an dem Platz ist, der aber auch viele Möglichkeiten bietet, um Fäden zu befestigen, ohne dass etwas zu Bruch geht, wenn man an dem Faden zieht.

2 Ziehe mit einem Faden eine Grenze durch den Raum, der dadurch in zwei Seiten geteilt wird.

3 Stelle dir die Grenze als Trennung vor, zwischen dir und deiner Umwelt. Suche einen Platz in dem Raum, an dem du dich wohlfühlst. Bist du dicht hinter der Grenze? Oder suchst du Abstand? Fühlst du dich isoliert oder fühlt es sich gut an, eine eigene Hälfte zu haben?

4 Fülle deine Hälfte mit Fäden. Baue dir ein Labyrinth aus Fäden, so wie du Lust hast, wie es dir guttut, wie es passt und möglich ist. Vielleicht benennst du deine Grenzen, findest eine Grenze für Freunde, für Geliebte, für Menschen, die in deinen Kosmos eintreten dürfen und in eine gewisse Nähe herangelassen werden. Vielleicht auch liegt die Schule, der Arbeitsplatz, dein Hobby näher oder ferner von Grenzen.

5 Wenn du Lust hast, nimm einen anderen Standpunkt ein und begib dich in das Terrain deiner Umwelt. Wie wirkt dein Kosmos von dieser Seite auf dich? Stimmt der weite Raum deiner Umwelt? Wie fühlen sich die Grenzen von außerhalb für dich an?

6 Nun kannst du alle Grenzen einmal bewusst mit der Schere zerschneiden oder du wickelst deine Wolle ganz behutsam wieder zusammen. Sorge für dich!

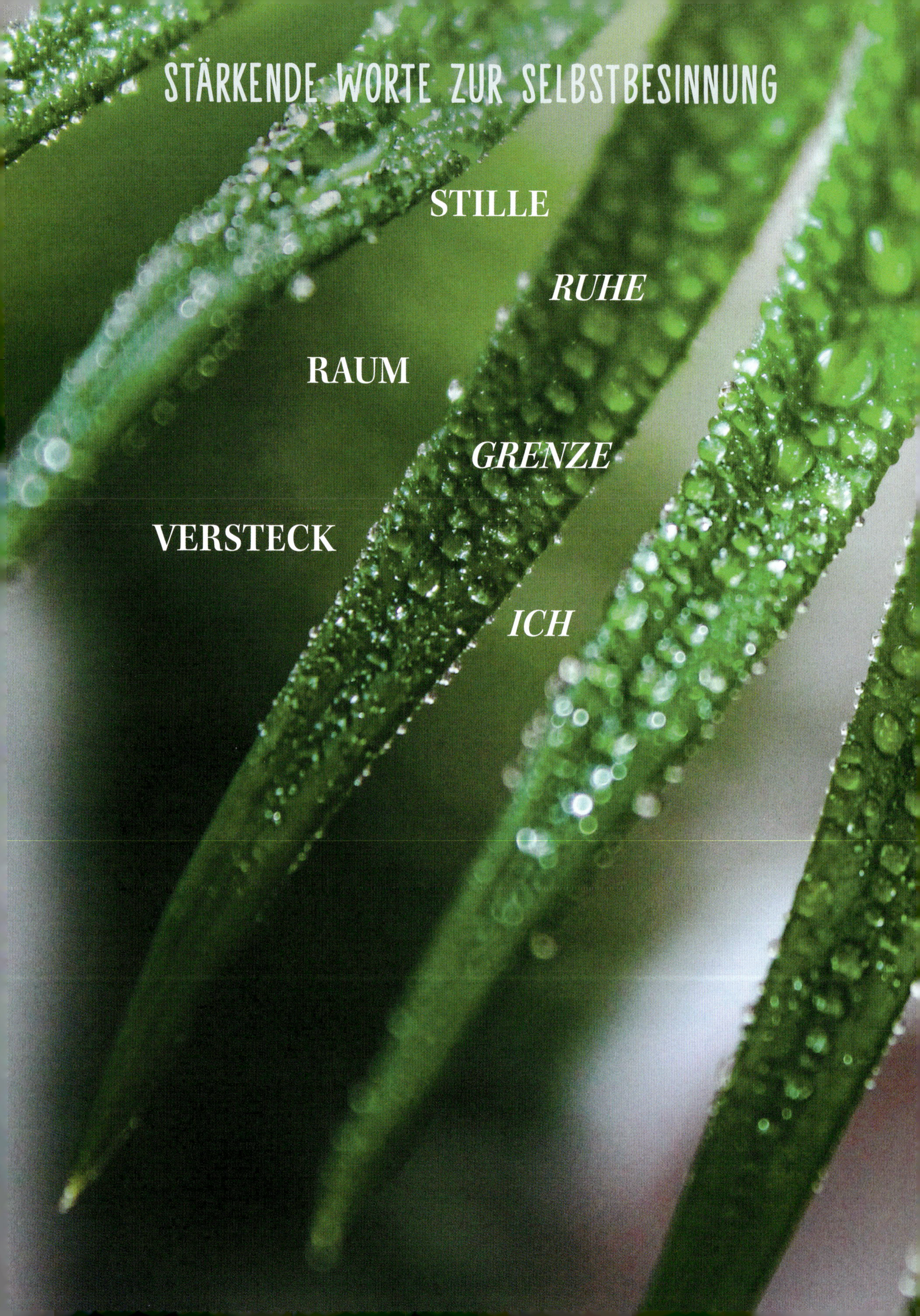
STÄRKENDE WORTE ZUR SELBSTBESINNUNG
STILLE
RUHE
RAUM
GRENZE
VERSTECK
ICH

DAS KÖNNEN WIR NOCH TUN

Tagebuch schreiben

alte Tagebücher lesen

allein Musik hören

mit der Katze kuscheln

Handykonsum reduzieren

nein sagen

nicht auf die Party gehen

lange Spaziergänge mit sich selbst machen

alte Hobbys wiederentdecken

alleine das Zimmer umdekorieren

Kopfhörer aufsetzen

Hörbücher hören

sich mit sich selbst verabreden

Kraftlosigkeit
Verspannungen
Verstimmungen
Unmut
Sinnentfremdung
Abstumpfung
Unlust
Gleichmut

„Wie fühlt sich mein Leben an?"

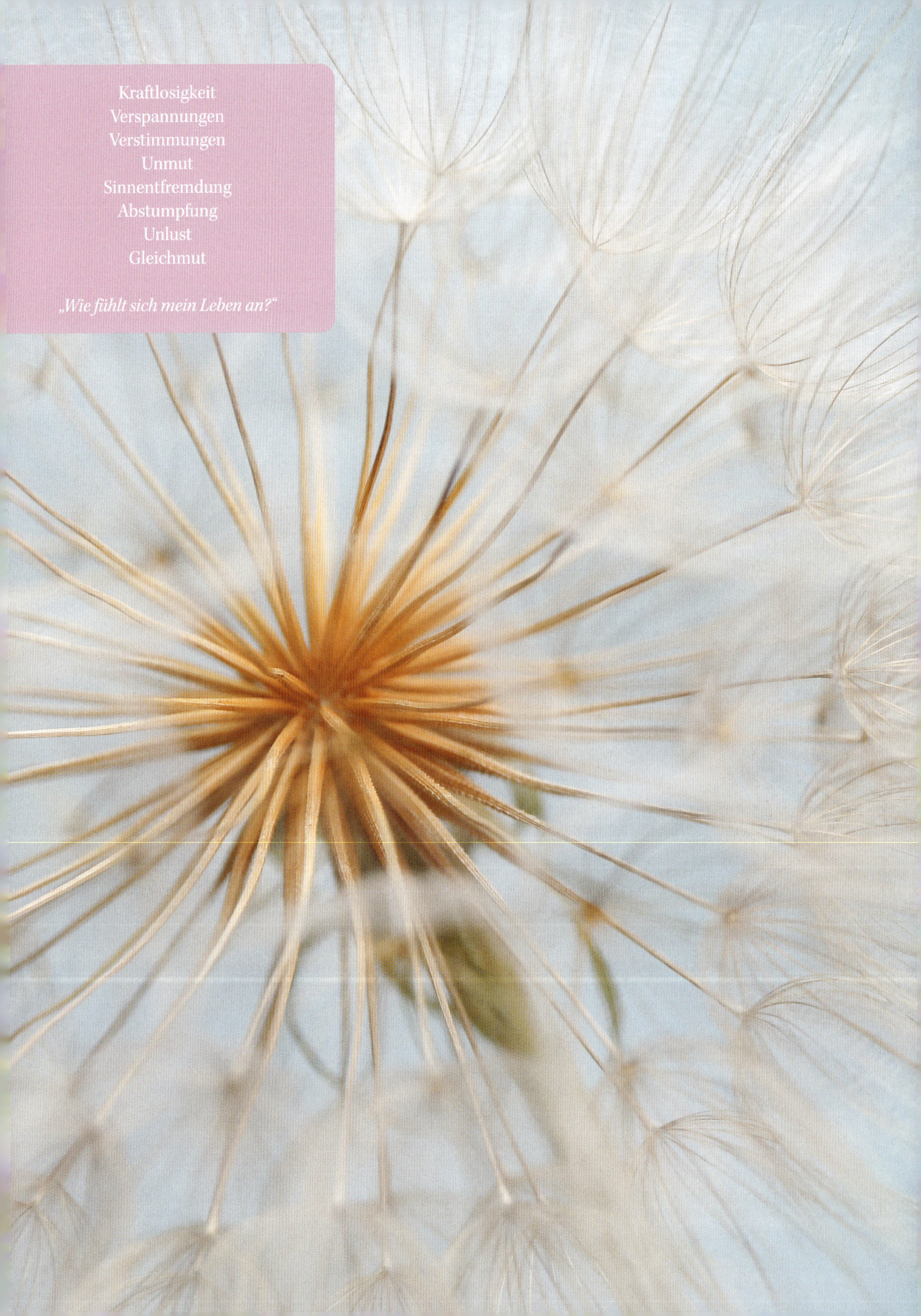

SENSIBILISIERUNG

Wahre Lust am Gespür entwickelte sich erst, wenn ich ganz bei mir war. In diesem Kapitel möchte ich kreative Ideen zeigen, die es ermöglichen, das eigene Gespür zu sensibilisieren. Voraussetzung ist das vorangegangene Kapitel.

Es gibt Zeiten, gerade im Alltag mit Familie, in denen einfach keine Zeit für einen selbst bleibt. Diesen Zeiten kannst du standhalten, wenn du dir Inseln schaffst, um zu spüren – und zu genießen. „Selbstbefriedigung" mit allen Sinnen – und davon gibt es immerhin 7, mindestens ...!

Sich mit seinen Sinnen aktiv auseinanderzusetzen macht unheimlichen Spaß. Und es ist gar nicht schwierig, sich in bewegten Zeiten eine „Spür-Zeit" zu gönnen – man muss es einfach nur tun!!!

Spiele mit den Sinnen eignen sich außerdem zur Selbstwiederfindung nach Situationen, in denen ein Schock vorlag oder eine Trauerphase voranging, mit zeitlichem Abstand zum Moment. Auch nach depressiven Verstimmungen, in Zeiten, in denen sich das Leben sinnentfremdet anfühlt, können Sinnesübungen eine positive Unterstützung sein.

An dieser Stelle sei aber betont, dass es Situationen gibt, in denen der erste Ansprechpartner der Arzt oder Therapeut sein sollte.

Fühlst du dich über längere Zeit psychisch labil oder beobachtest eine derartige Verfassung bei einem Familienmitglied, reagiere und hole gegebenenfalls professionelle Hilfe.

Die Projekte sind für das ganz normale Chaos im Familienalltag gedacht, können präventiv genutzt werden oder als Zusatzmöglichkeit in einem Genesungsprozess.

HELFENDES MATERIAL

Obst, Blumen, Duftöl, Musik, schöne Texte, Tücher, Farben

HMMMMM!

Was wir zu uns nehmen, sehen wir, schmecken wir, fühlen wir. Liebe geht durch den Magen. Dieses Geschmacksspiel ist ein tolles Spiel, das man zu zweit spielen kann, das aber auch in großer Runde sehr viel Spaß macht. Sich bewusst mit dem Geschmack auseinanderzusetzen, öffnet die Sinne für Entdeckungen im Kosmos unserer Geschmacksnerven, und diese Entdeckungen tun Körper und Seele gut! Vielleicht entdeckst du bei dieser Übung einen neuen Geschmack oder es kommt eine alte Erinnerung in dir hoch. Vielleicht hast du aber auch einfach nur Lust, deine Geschmacksnerven einmal intensiv zu beobachten und zu entdecken. Du wirst schnell merken: Schmecken ist gar nicht so einfach, wenn die Augen nicht „mitarbeiten"!

„Hmmmmm!" haben wir auf Wunsch immer wieder auf Kindergeburtstagen gespielt, und die älteren Geschwister haben es gerne für unsere Jüngste vorbereitet. Dabei war es immer interessant zu entdecken, wie unterschiedlich die Geschmäcker sind und wie leicht sich der Geschmack überlisten lässt.

MATERIAL

- großes Tablett
- ca. 15 Schälchen oder kleine Gläser
- mehrere Teelöffel
- Lebensmittel in kleinen Mengen, z.B. Marmelade, Nüsse, Senf, Quark, Gummibärchen, Obststückchen, Gewürze, Kräuter, Brotaufstriche
- dünner, blickdichter Schal
- Wassergläser

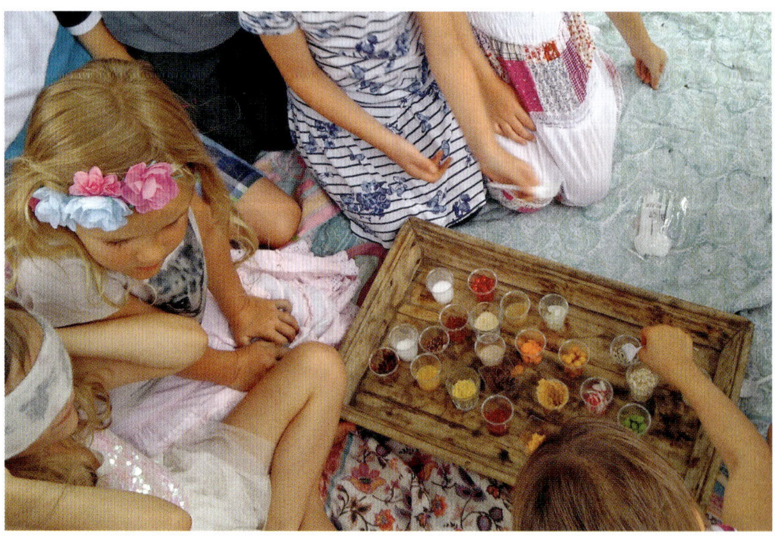

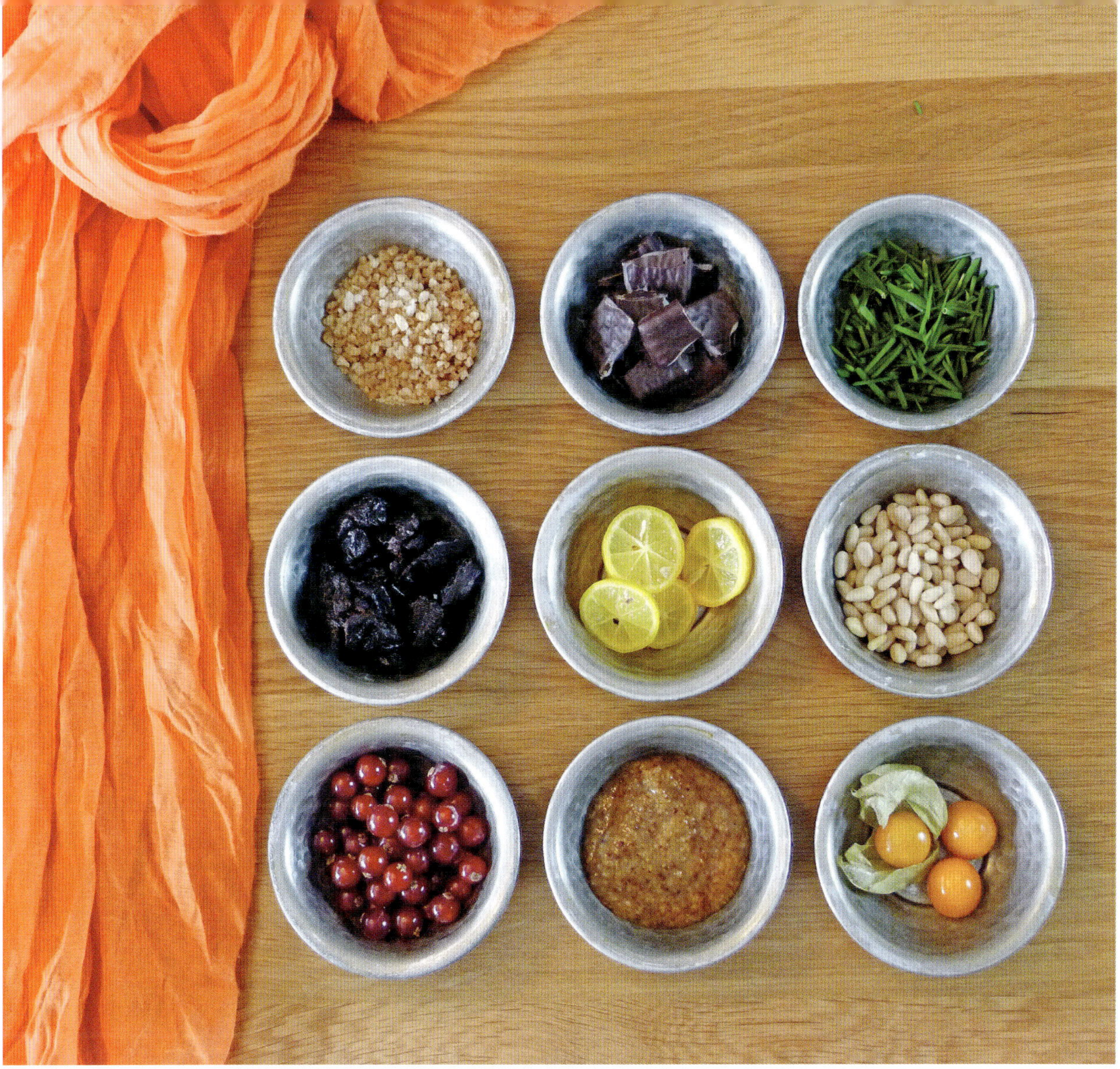

SO WIRD'S GEMACHT

1 Stelle ein Tablett bereit und fülle es mit vielen kleinen Schälchen oder Gläsern.

2 Gehe auf Entdeckungsreise in deiner Küche und fülle die Schälchen mit allem, was dir einfällt. Achte dabei natürlich auf Lebensmittelunverträglichkeiten deiner Mitschmecker.

3 Einer von euch verbindet sich nun die Augen mit dem Schal und lässt sich vom anderen füttern.

4 Erratet, was ihr schmeckt! Spürt gleichzeitig ganz genau: Wie ist das Gefühl im Mund? Als Geschmacksneutralisierung zwischendurch einfach einen Schluck Wasser trinken.

5 Stellt euch besonderen Herausforderungen und entdeckt den Geschmack von zwei Lebensmitteln gleichzeitig!

DEIN SAGENHAFTES DUFTLABOR

Der nächste Sinn, den wir sensibilisieren können, um eine bessere Verbindung zu unserer Umwelt und zu uns aufzubauen, ist der Geruchssinn. Im Alltag wird dieser Sinn ständig, aber sehr unterbewusst genutzt. Duftspiele regen auch den Appetit an und sind deshalb wunderbar geeignet für Kinder, die Schwierigkeiten mit dem Essen haben. Kindern ist meist gar nicht klar, wie sensibel ihre Nase ist. Sich dessen bewusst zu werden, hat gegebenenfalls auch neue geschmackliche Orientierungen zur Folge! Das Duftlabor funktioniert ähnlich wie das Geschmacksspiel „Hmmmmm!“: Auch hier heißt es wieder, auf Entdeckungsreise zu gehen in deiner Umgebung. Ein Kindergeburtstag oder ein Familienfest ist für dieses Spiel auch gut geeignet, wenn man es eher als Gemeinschaftsspiel als zur eigenen Entdeckungsreise nutzen möchte. In diesem Fall kann man sich auch hierbei wie in „Hmmmmm!“ gegenseitig die Augen verbinden und die Düfte erschnuppern!

In einer meiner Kinderkreativgruppen haben wir uns gegenseitig Düfte beschrieben und danach versucht, diese zu mischen. Auch das macht großen Spaß!

MATERIAL

- eine selbst zusammengestellte Sammlung von riechenden Dingen, z.B. Blüten, Obst (wie etwa Zitrone), Öle, Moose, getragenes Shirt ...

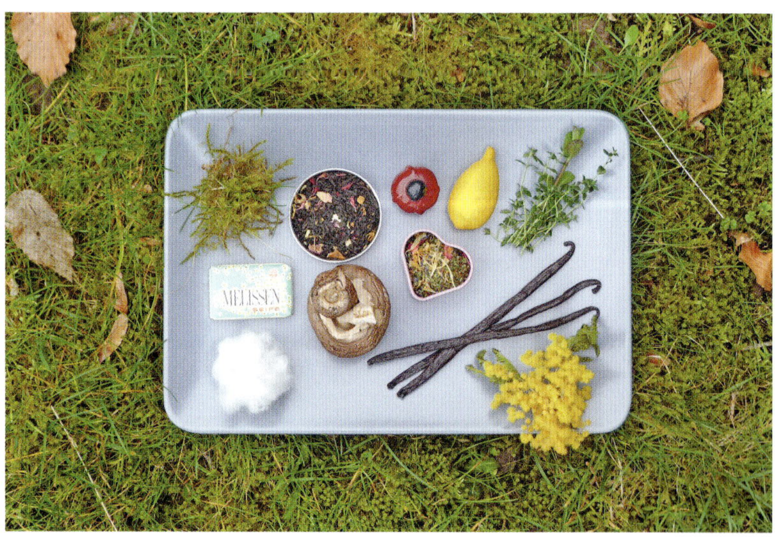

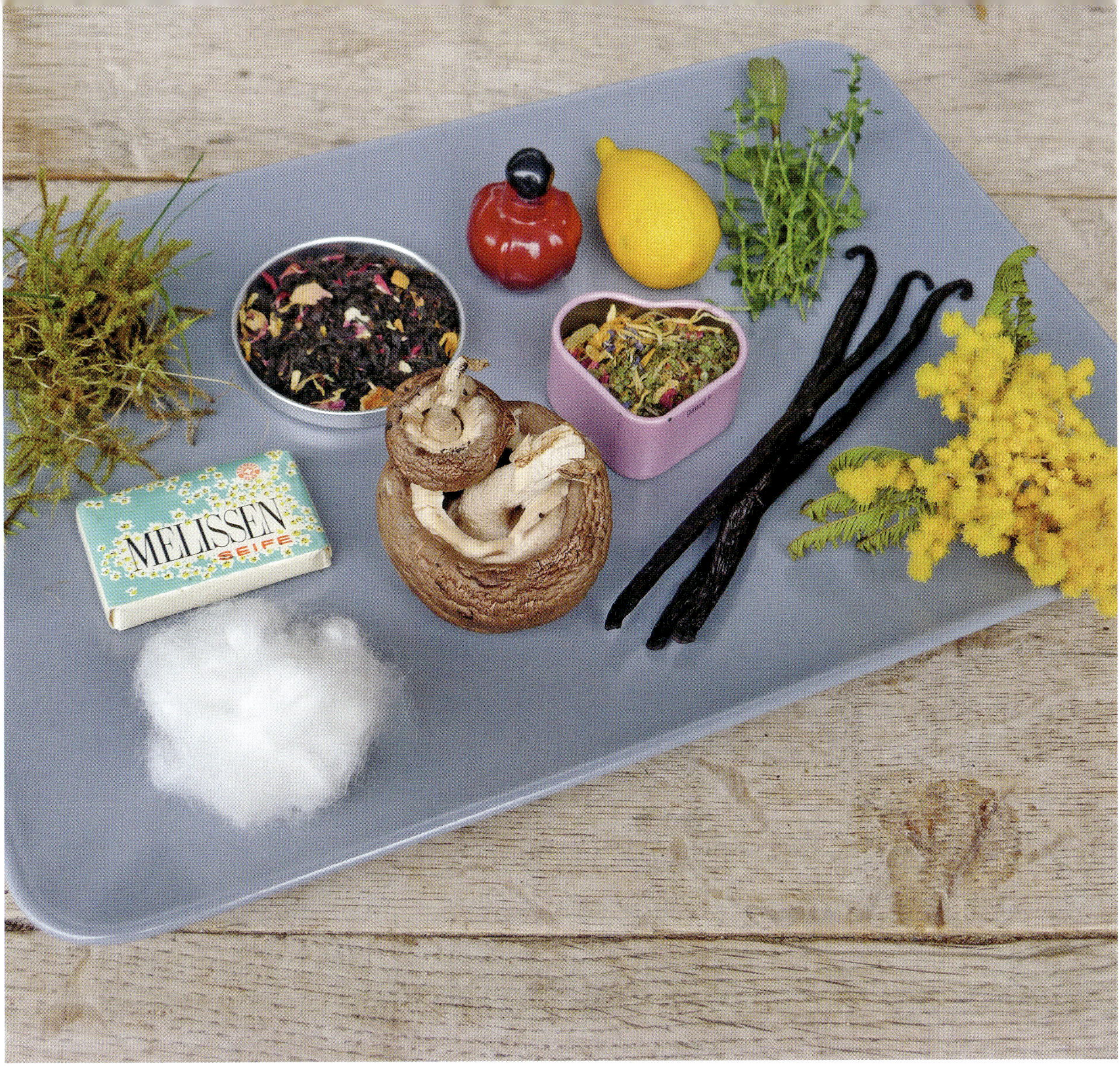

SO WIRD'S GEMACHT

1 Mache dich auf die Suche nach besonderen Gerüchen, die du gerne hast. Suche in der ganzen Wohnung und draußen!

2 Trage die gefundenen Schätze zusammen und lege sie auf einen Tisch.

3 Bringe sie in eine Reihenfolge: nach Lieblingsduft sortiert, oder aber nach Intensität. Gibt es Düfte, die du mit Gefühlszuständen verbindest? Gibt es Düfte, bei denen bestimmte Erinnerungen hochkommen? Sind es schöne Erinnerungen, dann schaue, welches Bild in deinem inneren Auge entsteht, und verweile ein wenig in dem Moment der Erinnerung.

4 Suche dir einen besonderen Duft heraus und überlege, ob er dich eine Weile begleiten darf, vielleicht in Situationen, in denen es dir nicht so gut geht, du Stress empfindest oder nicht ganz bei dir bist. Vielleicht gibt es von diesem Duft ein ätherisches Öl, das du dir besorgen kannst und mit einem neutralen Öl als Massageöl mischen magst? Oder als Raumduft verwenden möchtest? Vielleicht kannst du aber den Geruch auch so verinnerlichen, dass du ihn dir gedanklich hervorholen kannst, wenn du in einer angespannten Situation steckst!

DEIN BILD KANN TANZEN!

Hast du schon einmal nach deiner Lieblingsmusik gemalt? Nein? Dann wird es aber wirklich allerhöchste Zeit! Kindern macht das Malen nach Musik besonders viel Spaß und sie werden begeistert sein, was beim Malen entsteht.

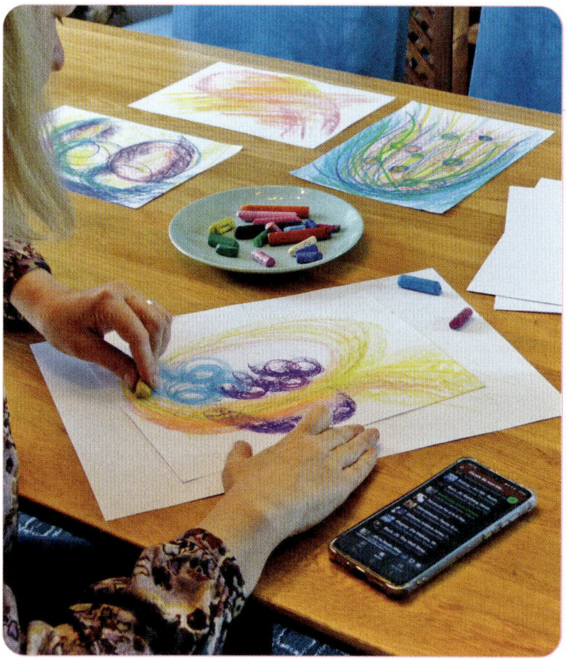

Tanzen und Malen sind so wunderbare Ausdrucksformen, die in unserem Alltag immer wieder viel zu wenig Raum finden. Wie schade!

MATERIAL

- Musik und Abspielmöglichkeit
- Unterlage
- großes Papier
- Wachsmalstifte

SO WIRD'S GEMACHT

1 Suche dir einen ruhigen Ort mit Platz zum Malen. Am besten geeignet aufgrund der körperlichen Bewegungsfreiheit ist zum Malen nach Musik der Fußboden. Du kannst ganz nach Belieben aber auch an einem Tisch oder einer Staffelei arbeiten. Überlege, wo du dich am wohlsten fühlst.

2 Lege dir das Material bereit.

3 Starte deine Lieblingsmusik, spüre dabei, welche Melodie dir gerade guttut!

4 Schließe für einen Moment die Augen und tauche ganz in die Musik ein. Dann nimm dir Farben und beginne zu malen. Deine Farben und Striche folgen dem Rhythmus der Töne, und du folgst ihnen!

5 Ist der Song vorbei, schließe wieder die Augen und spüre in dich hinein. Dann öffne die Augen und lasse dein Musikbild auf dich wirken. Hast du das Gefühl, dein Bild ist noch nicht fertig, male einfach weiter oder starte den gleichen Song noch einmal. Nimm dir die Zeit, die du brauchst.

6 Vielleicht möchtest du dein Bild irgendwo aufhängen? Vielleicht aber findet es als Gedankenbild Platz in dir und lässt sich in belastenden Situationen als Energiespender abrufen?

Sei bitte vorsichtig mit dem Deuten der Bilder, lasse sie einfach sein und genieße die Wirkung. Wenn du Kinder malen lässt, mische dich nicht ein und bewerte sie nicht!

DU BIST, WO DU WILLST

Ein Weg zum Gespür seines Selbst führt über die Wahrnehmung des eigenen Körpers. Das macht eine Fantasiereise so wertvoll. Sie lässt sich leicht in den Alltag integrieren. Kinder nehmen Fantasiereisen meist dankbar an, und wenn nicht, ist auch das ein wichtiges Zeichen. Dann heißt es schauen, was das Kind stattdessen braucht. Manchmal funktioniert es, einfach direkt danach zu fragen! Neben der Sensibilisierung seines Selbst sorgt eine Fantasiereise für Ruhe und Entspannung. Das hat positive Effekte für den Reisenden, aber auch für seine gesamte Umgebung. Wenn du die Fantasiereise für dich ganz alleine machen möchtest, kannst du den Text auf der folgenden Seite vorher aufnehmen. Vielleicht magst du ihn sogar mit Musik hinterlegen. Vielleicht schreibst du auch einen eigenen Text ... Die Auseinandersetzung mit dem Thema kann genauso heilsam auf den Körper wirken wie die Reise an sich.

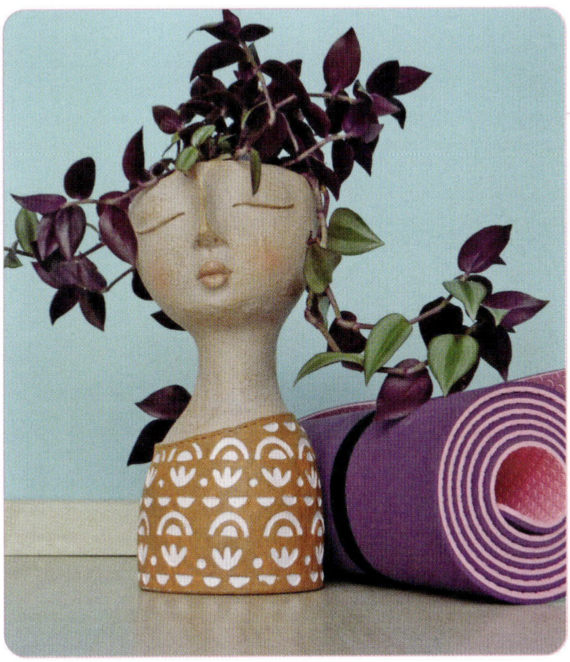

Fantasiereisen sind ein wichtiger Bestandteil in meiner Fortbildung zur Gesundheitsberaterin gewesen. Ich habe viele kennengelernt und daraufhin eigene erfunden. Sie funktionieren wie Träume!

MATERIAL

- ruhiger, gemütlicher Platz zum Hinlegen
- Unterlage, z. B. Yogamatte
- Wolldecke
- Tee

SO WIRD'S GEMACHT

1 Lege dich hin, so wie es dir gemütlich und entspannend scheint. Richte dich so ein, dass du für einige Minuten hier verweilen kannst. Decke dich bei Bedarf zu.

2 Lasse dir den folgenden Text auf Seite 40 langsam vorlesen oder höre deine Aufnahme. Entspanne dich.

3 Komme zurück und gib dir dabei noch etwas Zeit. Trinke eine warme Tasse Tee, wenn du magst! Sorge für dich.

FANTASIEREISE

Schließe die Augen und atme tief und gleichmäßig. Du wirst ganz ruhig.

Spüre in deinen Körper. Reise nun mit ihm in eine andere, traumhafte Welt. Du verreist dort hin. Spüre, wie du abhebst und ganz sanft dort hingetragen wirst. Auf einer weichen Wolke wirst du schwerelos getragen. Lasse dich tragen und spüre, wie dein Körper ganz leicht wird.

Pause

Die Wolke sinkt langsam herab und löst sich erst auf, wenn du auf weichem Moos gelandet bist. Du befindest dich nun in einem lichten Wald mit jungem Grün. Um dich herum gibt es kleine, süße, lustige Tiere, die es nur in dieser Traumwelt gibt. Diese Tiere sind neugierig, aber sie halten Abstand von dir, sie beobachten dich munter und staunend. Für sie bist du etwas ganz Besonderes! Spürst du ihre neugierigen Blicke? Lasse dich bewundern!

Pause

Die Sonne blitzt durch das lichte Grün im Wald. Es wird wohlig warm. Die Tiere verschwinden nach und nach, und nun bist du ganz allein. Ein Sonnenstrahl kitzelt dich auf deiner Nase, dann wandert er langsam über deinen ganzen Körper. Spürst du ihn? Verfolge in Gedanken seine Spur!

Pause

Nun hat der Sonnenstrahl dich wach gekitzelt und du erhebst dich, in Gedanken. Folge dem Strahl, er leitet dich durch den lichten Wald, dann an grünen Wiesen vorbei und führt dich bis zu einem Strand. Nun hast du einen Blick auf das weite Meer, und der Horizont liegt klar in weiter Ferne. Das Rauschen der Wellen ist heute nur sanft, es weht ein milder Wind, und unter deinen Füßen spürst du den Sand, der leicht erwärmt ist.

Pause

Siehst du die kleinen Delfine in der Ferne miteinander spielen? Schaue ihnen einige Zeit zu und erfreue dich an ihrem Spiel!

Pause

Jetzt suche am Himmel nach deiner Wolke. Sie schwebt auf dich zu, und du kannst mit einem Purzelbaum auf sie hinaufspringen. Du machst es dir auf ihr bequem und sie trägt dich ganz sanft zurück – in deine Welt.

Pause

Zurückgekehrt, löst sie sich langsam auf und lässt dich sanft zurückkommen. Nun bist du wieder hier. Aber die Bilder von deiner Traumreise kehren zurück, wann immer du willst. Es ist also kein Abschied. Vielleicht schmunzelst du manchmal über die lustigen Tiere, spürst den Sonnenstrahl oder entdeckst einen Delfin am Horizont? Lass dich überraschen!

Wenn du nun bereit bist, öffne deine Augen. Willkommen!

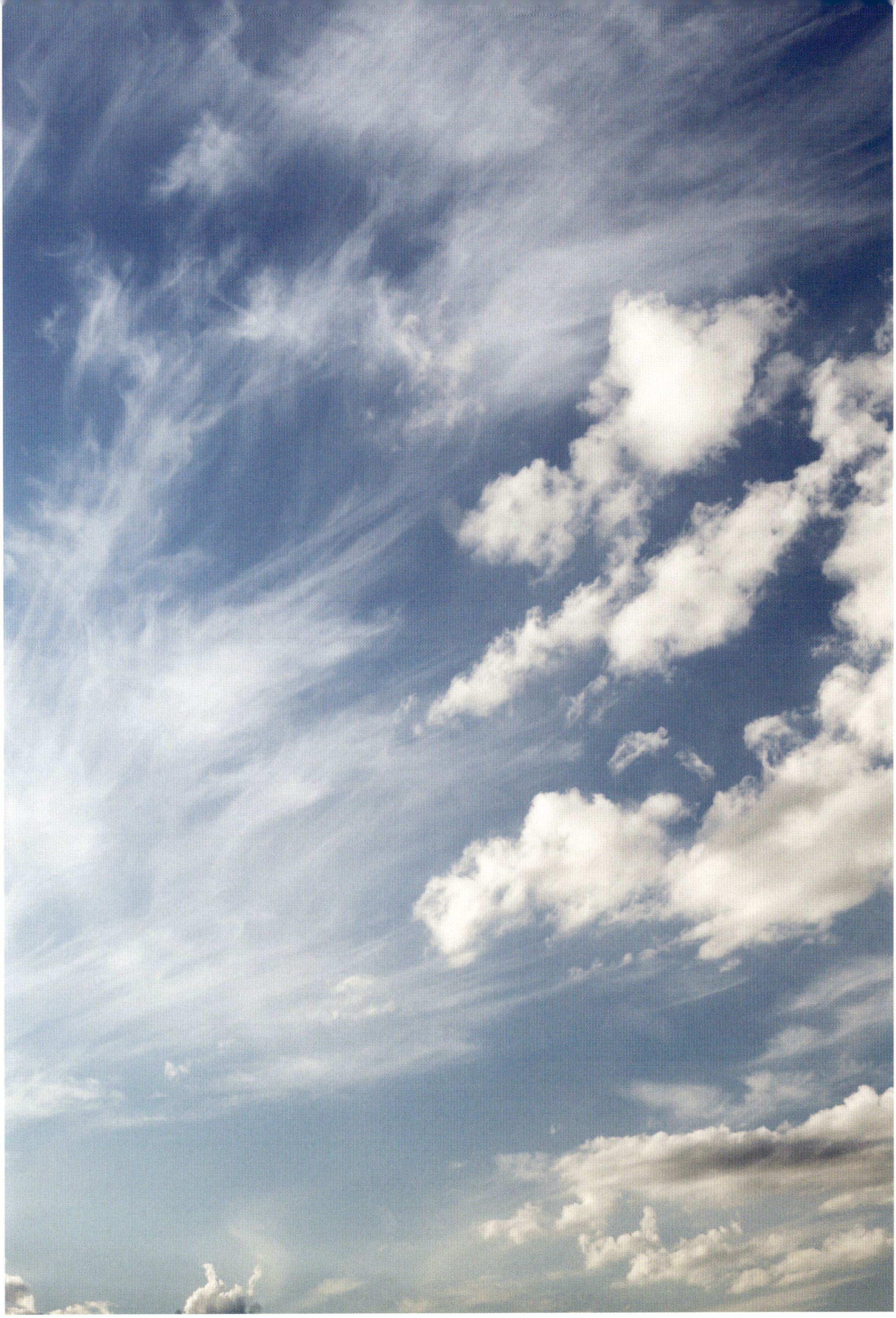

STÄRKENDE WORTE ZUR SENSIBILISIERUNG

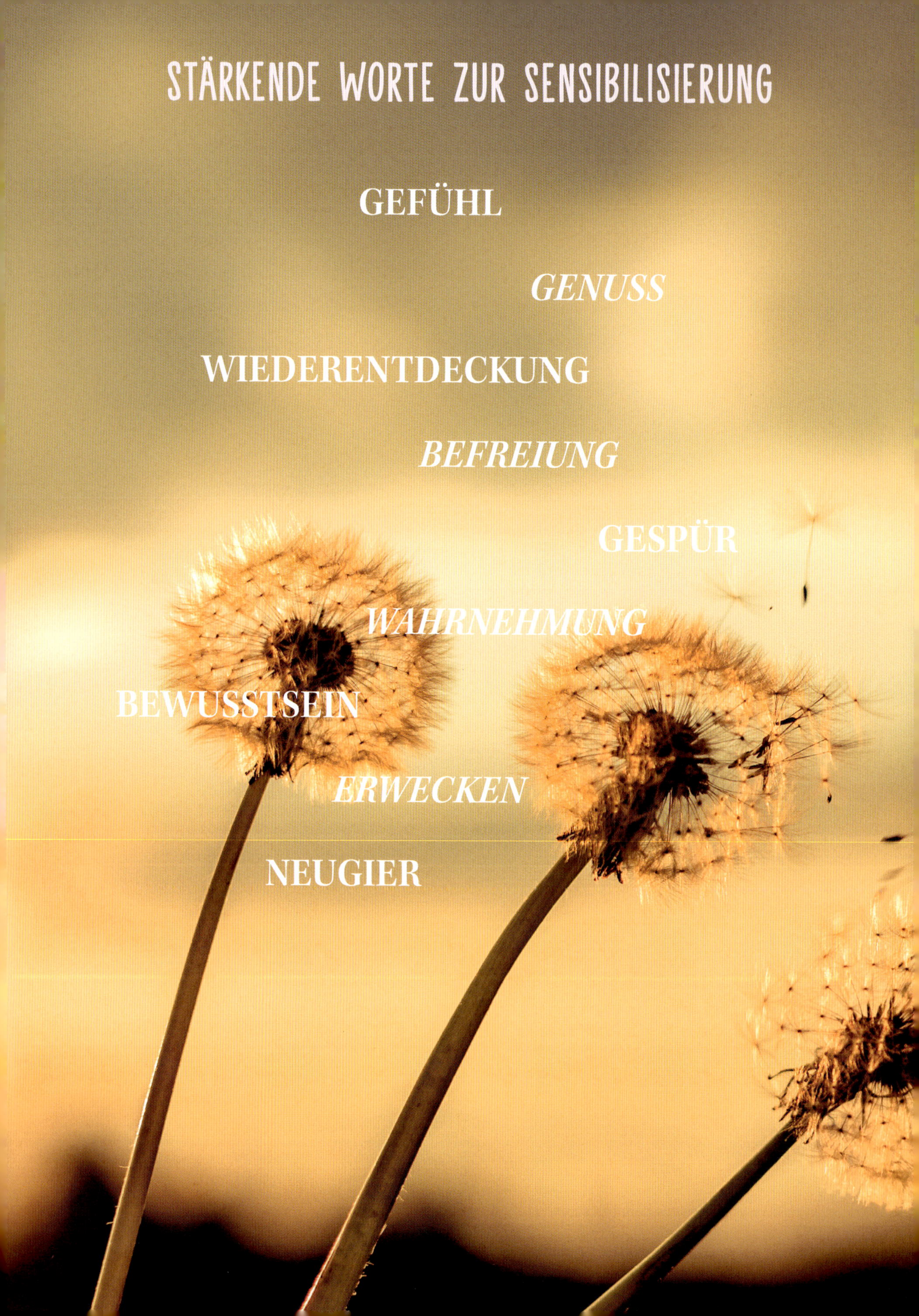

DAS KÖNNEN WIR NOCH TUN

tanzen

fantasieren

auf einem Drehstuhl im Kreis drehen

neue Rezepte ausprobieren

die Wohnung mit Blumen dekorieren

vorlesen und vorlesen lassen

ein Fußbad nehmen

eine neue Lieblingskörperlotion suchen

einen Massagetermin ausmachen

das Gewürzregal sortieren und ergänzen

Teesorten studieren

eine Fühlkiste gestalten

Druck
Überforderung
Stress
Gereiztheit
Unausgeglichenheit
Vergesslichkeit
Unruhe
Angst

„Was trägt mich?“

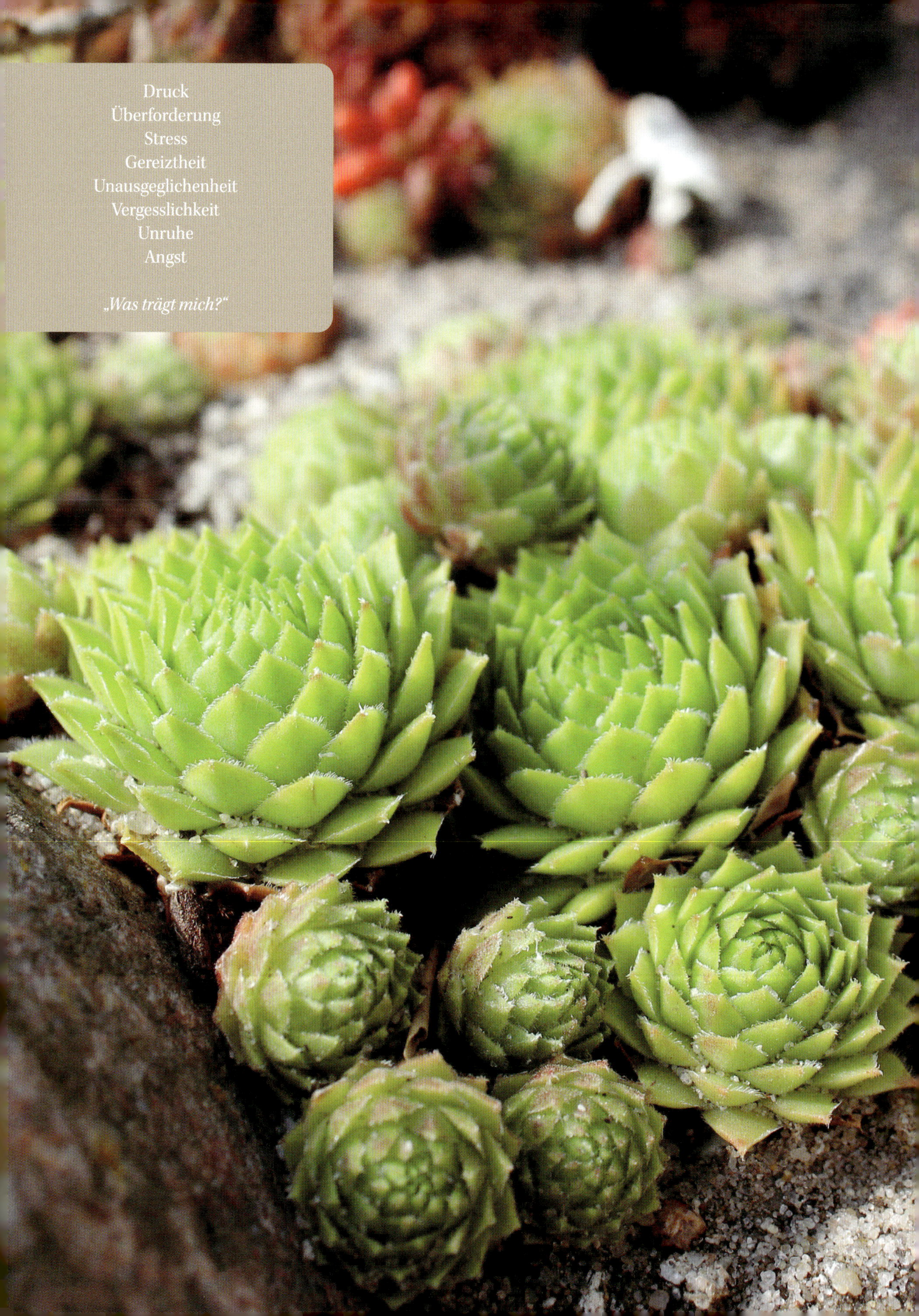

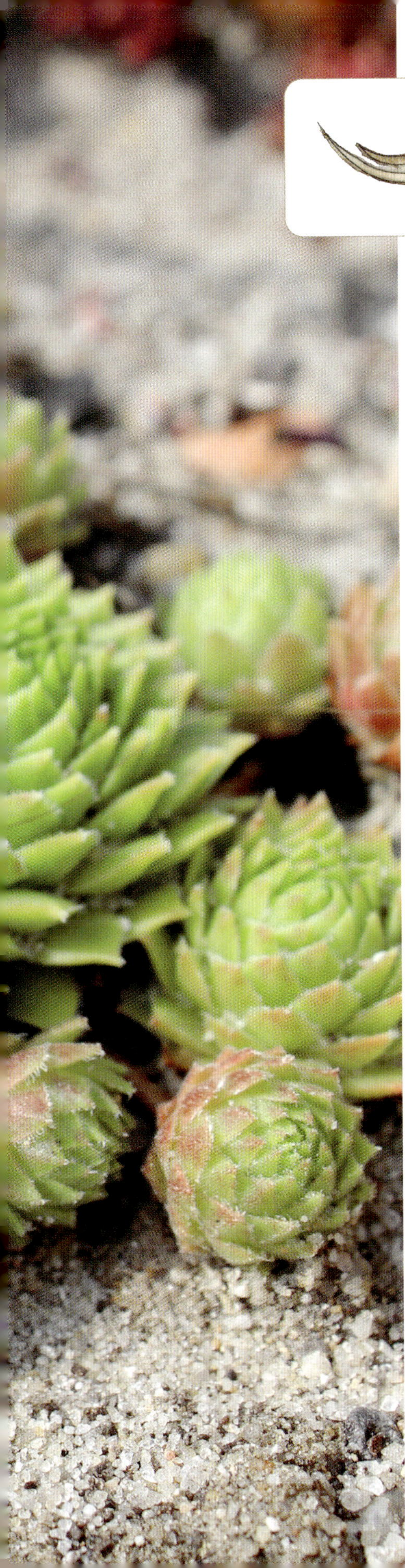

ERDUNG

Es gibt diese Tage, diese Wochen, diese Monate, ja manchmal sogar: diese Jahre! Da ist einem alles zu laut, alles zu viel, alles in Bewegung und man selbst bewegt sich wie fremdbestimmt tanzend in diesem Strudel. Tanze! Ja, es ist wichtig, sich der Bewegung des Lebens hinzugeben, aber manchmal reicht es einfach.
Manchmal muss man aktiv sagen: HALT ---
Zur Ruhe kommen, wieder „runterkommen“, sich beruhigen und Ausgleich finden im bewegten Alltag, das ist für viele Erwachsene ein großes Problem. Kinder besitzen von Natur aus noch eine höhere Verausgabungsbereitschaft, aber auch ihnen sollten wir als Erwachsene unter Umständen Einhalt gebieten – genauso, wie wir unser Kind ja auch ins Bett bringen, wenn wir seine Müdigkeit erahnen.
In diesem Kapitel soll es im Speziellen um Erdung gehen. Aus diesem Grunde finden sich hier viele Projekte, die entweder in der Natur ausgeübt werden oder aus natürlichem Material entstehen. Die Schätze der Natur tragen wesentlich zu unserer Ausgeglichenheit bei, und doch schenken ihnen viele von uns im modernen, technisierten Alltag zu wenig Aufmerksamkeit. Für die kreativen Projekte zur Erdung ist etwas Vorbereitung notwendig. Ein kleines Entspannungs-Notfall-Kit kann dir dabei helfen. Entwickle dein ganz persönliches – oder eines für deine Familie! Anregungen hierzu findest du am Ende des Buches.
In der Ruhe liegt die Kraft.

HELFENDES MATERIAL

Ton, Steine, Erde, Pflanzen, Öle, Wurzeln
Holz und anderes Naturmaterial

GANZ IN MEINER HAND – SCHALEN AUS TON

Ein wunderbares Material, das uns hilft, uns zu erden und zur Ruhe zu kommen, ist Ton. Geeignet ist auch jede ähnliche Form von Matsch, also Erde plus Wasser (natürlich nicht zu stark verunreinigt). Ist kein Ton zur Hand, ist für Übungen zu Hause aber auch Knetmasse in Naturtönen verwendbar. Bevor du etwas kaufst, mache erst einmal einen Spaziergang und schaue, ob du vielleicht etwas findest, was geeignet ist. Arbeite, wenn möglich, in der Natur!

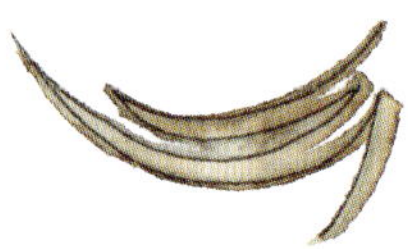

Mit meiner Cousine habe ich als Kind an Dänemarks Ostseeküste stundenlang Zeit damit verbracht, Ton zu suchen und vor Ort kleine Landschaften damit zu formen. Meine Söhne haben diese Leidenschaft übernommen ...

MATERIAL

- Ton
- Wasserglas
- Sitzkissen
- wasserfeste Unterlage

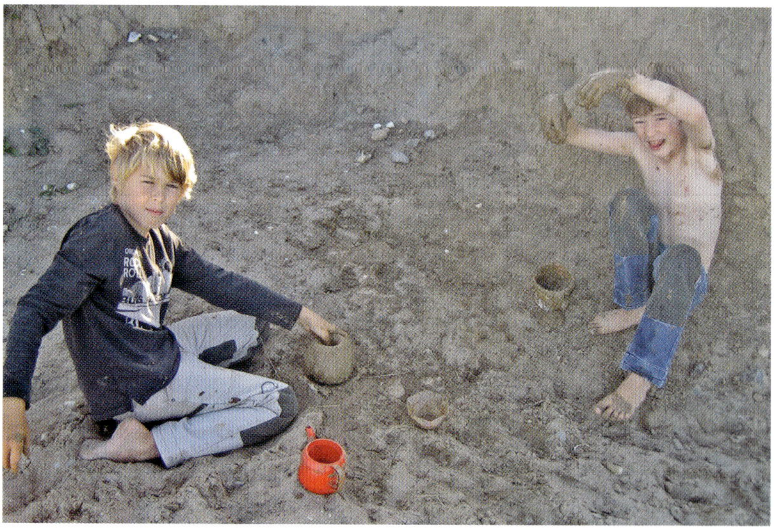

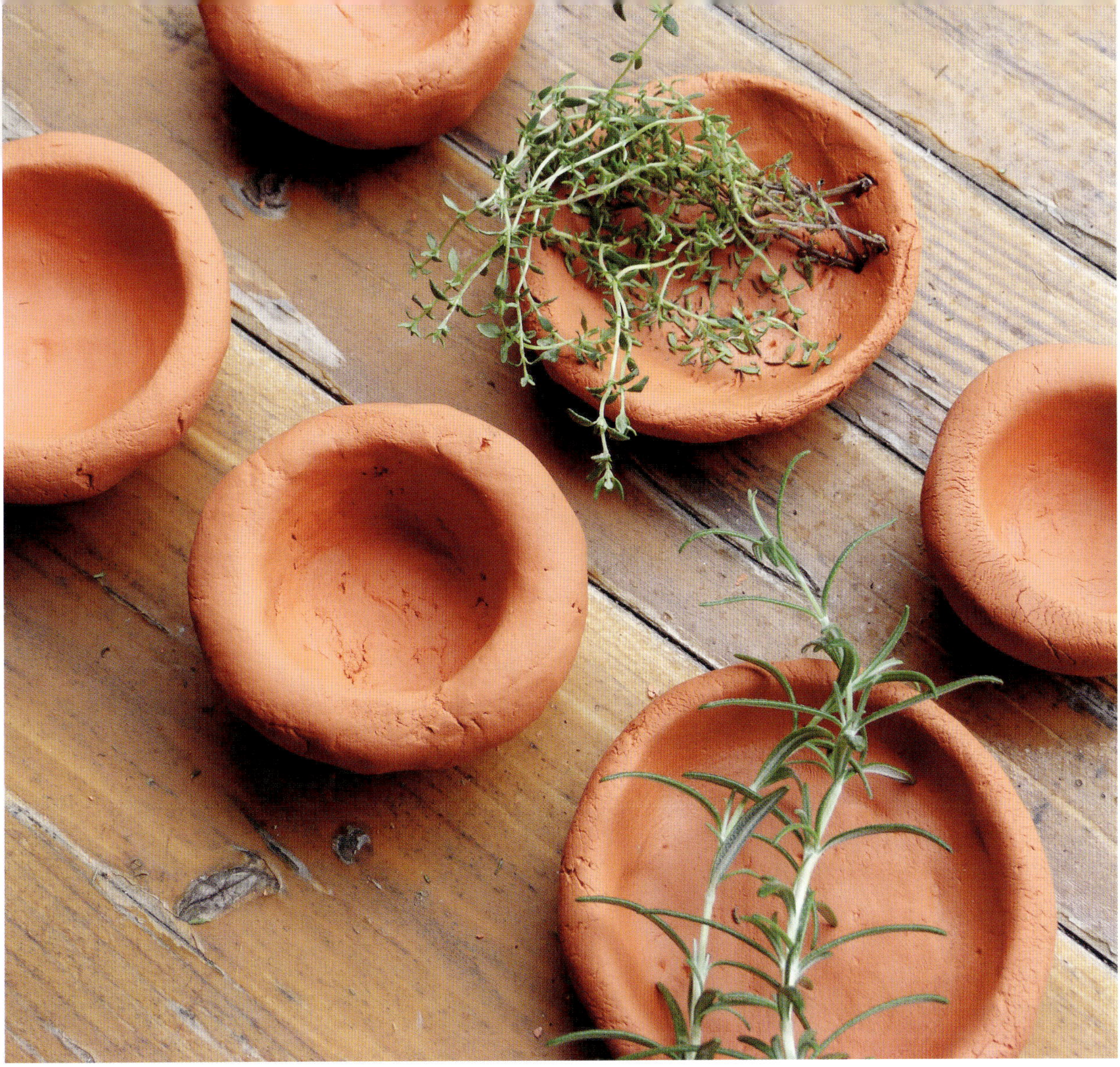

SO WIRD'S GEMACHT

1 Suche dir einen ruhigen Platz, am besten auf dem Boden, und gestalte ihn mit einem Sitzkissen, vielleicht sogar einem wärmenden Sitzkissen.

2 Nimm einen Klumpen Ton in die Hand und knete ihn durch. Schließe hierfür zeitweise die Augen und nimm das Gefühl des Tones in deinen Handflächen ganz genau wahr. Spüre hinein in dieses Gefühl. Atme ruhig und gleichmäßig.

3 Forme mit den Händen eine sehr runde Kugel aus dem Ton. Ist der Ton zu trocken, kannst du ihn mit etwas Wasser geschmeidiger machen. So wird sich auch das Gefühl an deinen Händen verändern. Spüre genau hinein.

4 In die Kugel kannst du mit den Daumen jetzt eine Kuhle hineindrücken. Diese Kuhle vergrößerst du langsam, bis eine Schale entsteht.

5 Forme auf diese Weise mehrere Schalen verschiedener Größen. Bleibe bei einfachen Formen, um dich ganz auf die Konsistenz des Tones konzentrieren zu können. Konzentriere dich immer auch wieder auf deinen Atem und nimm ihn bewusst wahr. Nimm dir Zeit.

6 Lasse die Schalen trocknen. Suche einen schönen Ort, an dem sie stehen dürfen und dich an die angenehme Arbeit erinnern. Vielleicht magst du in ihnen Samen oder andere Schätze der Natur sammeln.

MEIN MANDALA AUS DER NATUR

Mandalas sind konzentrisch zusammengesetzte Muster. Besonders schöne findet man oft in Kirchenfenstern, denn sie haben eine lange Tradition. Mandalamalbücher für Kinder und Erwachsene gibt es inzwischen in großer Auswahl. Das Ausmalen der sich wiederholenden zentrierten Muster kann auf uns eine beruhigende und erdende Wirkung haben. Ein Mandala kannst du aber auch aus Naturmaterial legen, das macht besonders große Freude!

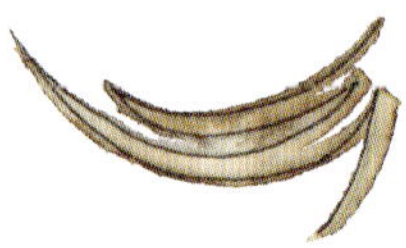

Gesammelte Steine, Blüten, Muscheln, Zapfen und Samen, die die Kinder im Urlaub sammeln, werden gerne zu Naturmustern gelegt und noch einmal fotografiert!

MATERIAL

Naturmaterial wie
- Blüten
- Blätter
- Steine
- Stöcke
- Zapfen ...

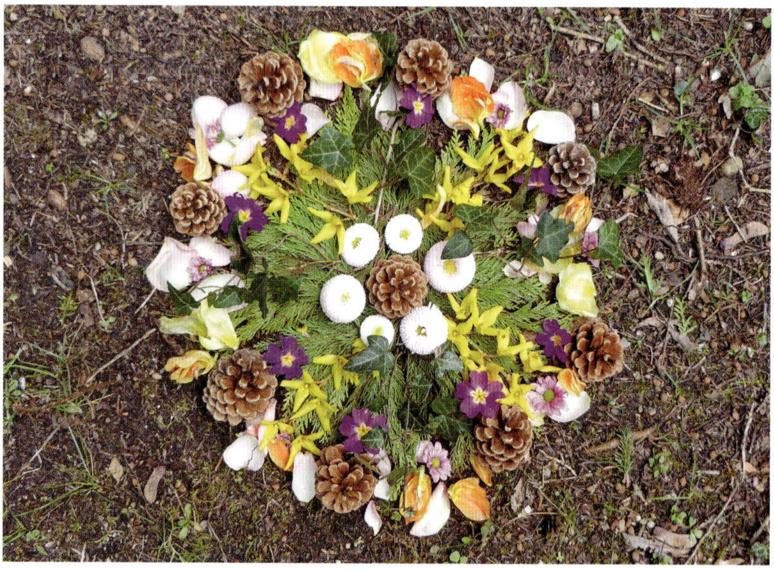

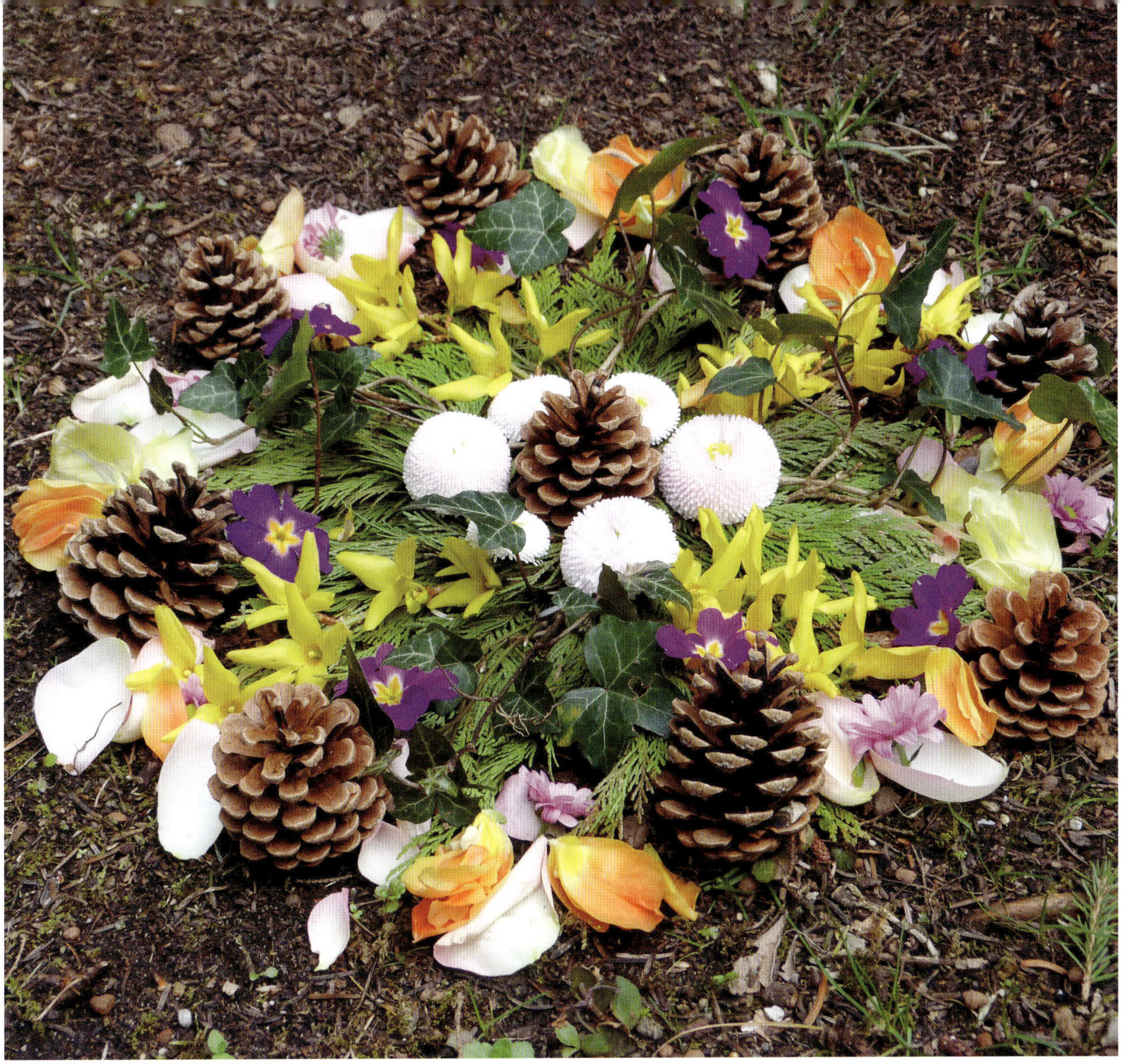

SO WIRD'S GEMACHT

1 Gehe auf die Suche: Sammle geeignetes Material und von allem viel – je nachdem, welche Größe dein Mandala später haben soll. Gehe beim Sammeln achtsam mit deiner Umwelt um.

2 Suche dir einen günstigen, flachen, windstillen Platz zum Legen des Mandalas – schön wäre es, wenn es nicht sofort wieder zerstört werden muss. Allerdings hat auch die Flüchtigkeit ihren Reiz. Ein schönes Beispiel ist ein Muschelmandala im Watt.

3 Beginne beim Legen im Zentrum deines Mandalas und suche dir etwas Schönes, Besonderes für den Mittelpunkt aus. Dann arbeite symmetrisch nach außen hin und lasse das Mandala intuitiv entstehen – mit dem Material, das dir zur Verfügung steht.

4 Lasse das entstandene Mandala auf dich wirken. Entspanne dich dabei. Nimm dir wirklich Zeit für das Mandala.

5 Vielleicht magst du das Mandala auch fotografieren und dir an deinen Arbeitsplatz hängen? Bei Kindern findet es vielleicht Platz im Federmäppchen?

Wenn deine Kinder das Mandala gelegt haben, gib ihnen genug Zeit, es wieder aufzuräumen, wenn es überhaupt sein muss. Entferne es nur mit ihrer Erlaubnis.

KLEINE HANDMASSAGE

Diese kleine Handmassage ist ein regelrechter Geheimtipp. Sie ist sooo einfach, und dennoch findet sie im Alltag selten Raum. Wann hast du dir das letzte Mal wirklich Zeit genommen für deine Hände? Nicht zum Lackieren, sondern um sie wirklich zu pflegen? Auch Kinder lieben diese kleine wohltuende Aktion. Man kann ein Ritual daraus machen, um sich ab und an einmal zu erden!

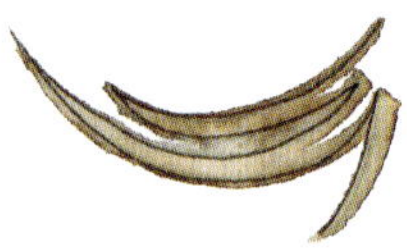

Die Handmassage habe ich als Aktion zum Reinigen der Hände nach einem Seminar kennengelernt, und danach immer wieder in meinen Familienwerkstätten genutzt. Die Kinder sind ausnahmslos überrascht und begeistert über ihre weichen Hände, und die Mamis auch!

MATERIAL

- Öl, z.B. süßes Mandelöl, aber auch Olivenöl oder ein anderes, hochwertiges Bio-Öl aus Haushalt oder Kosmetik, 1 Esslöffel
- mitttelfeines Salz, 1 Teelöffel
- Wasser
- Tuch

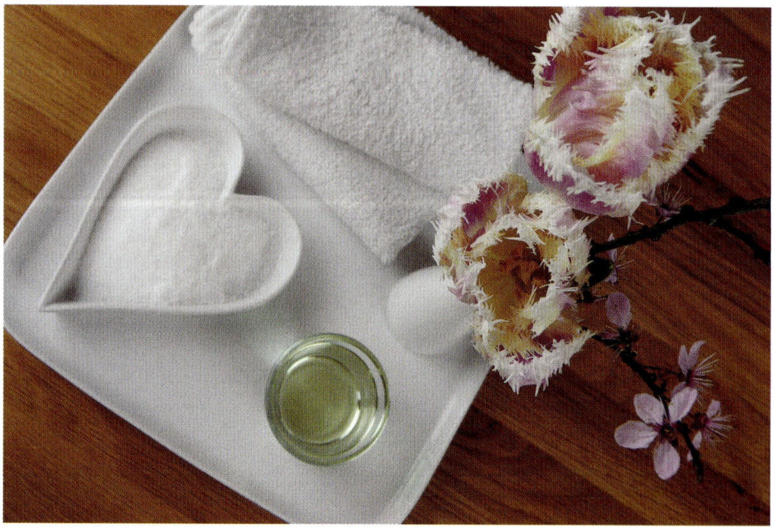

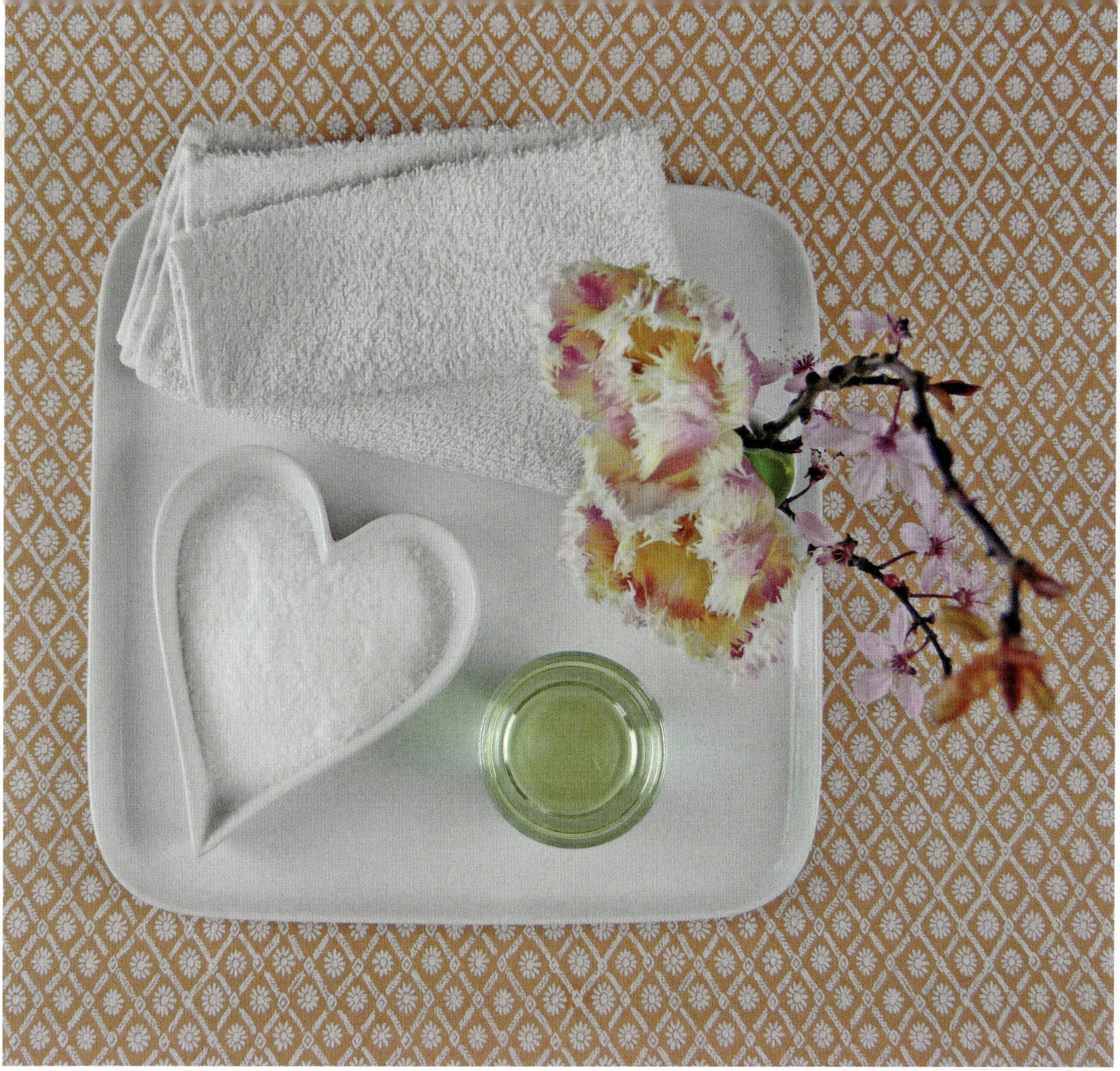

SO WIRD'S GEMACHT

1 Reinige deine Hände und trockne sie gut ab.

2 Gib etwa einen Esslöffel Öl und einen Teelöffel Salz in deine Handfläche.

3 In der Mitte der Handflächen beginnend, massiere das Öl und Salz langsam und gefühlvoll ein, bis in die Fingerspitzen. Nimm dir dabei Zeit für jeden einzelnen Finger und lasse das sanfte Peeling ganz auf dich einwirken.

4 Spüle nun das Salz mit lauwarmem Wasser vorsichtig ab.

5 Tupfe deine Hände behutsam mit einem Tuch ab und spüre in das sanfte Gefühl deiner Hände. Genieße es!

6 Wenn du magst, mache doch mit deinen Füssen weiter!

JETZT WIRD ES GRÜN!

Nicht jeder hat einen „grünen Daumen". Aber gerade wenn du keinen hast, solltest du dich an etwas Grün in den eigenen vier Wänden wagen. Es liegt nämlich an dir! Du wirst feststellen: Grün tut gut, Grün macht gesunde Luft und das Pflegen von Grünpflanzen ist eine befriedigende, erdende Beschäftigung, sobald du ihr mit voller Aufmerksamkeit begegnest. Hier fangen wir aber ganz klein an: Für das Anlegen eines kleinen Sprossengartens brauchst du nicht viel – und du hast bald noch eine leckere Salatbeilage. Und was passiert eigentlich mit den Sprossen, sobald man sie umtopft? Ausprobieren! Von nun an wird alles Grün!

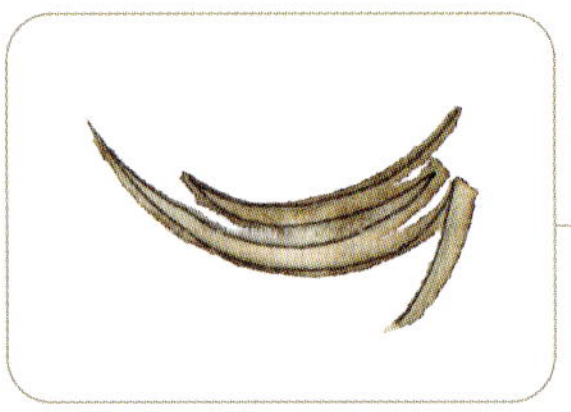

Mein Bedürfnis, andere zum Grün zu inspirieren, ist gewachsen, seit ich im Gartencenter als Dekorateurin arbeite: Ich spüre, wie gut es unseren Kunden geht, wenn sie zwischen Primeln und Orchideen wandeln. Ich selbst umgebe mich schon immer mit Pflanzen und ich glaube niemandem, der sagt, er hätte keinen „grünen Daumen". Es ist alles eine Frage der Zuneigung, die man der Natur entgegenbringt – aber man muss es wollen. Dann wird man schnell zum erfolgreichen Grünpflanzenbesitzer.

MATERIAL

- Keimschale oder Keimstation
- Samen, etwa Rucola, Senf Linsen, Kresse
- Tontöpfe und Untersetzer
- Anzuchterde

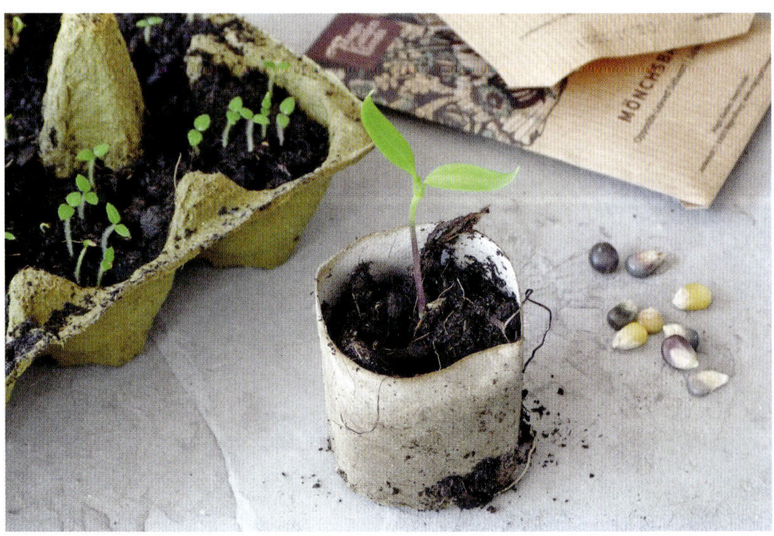

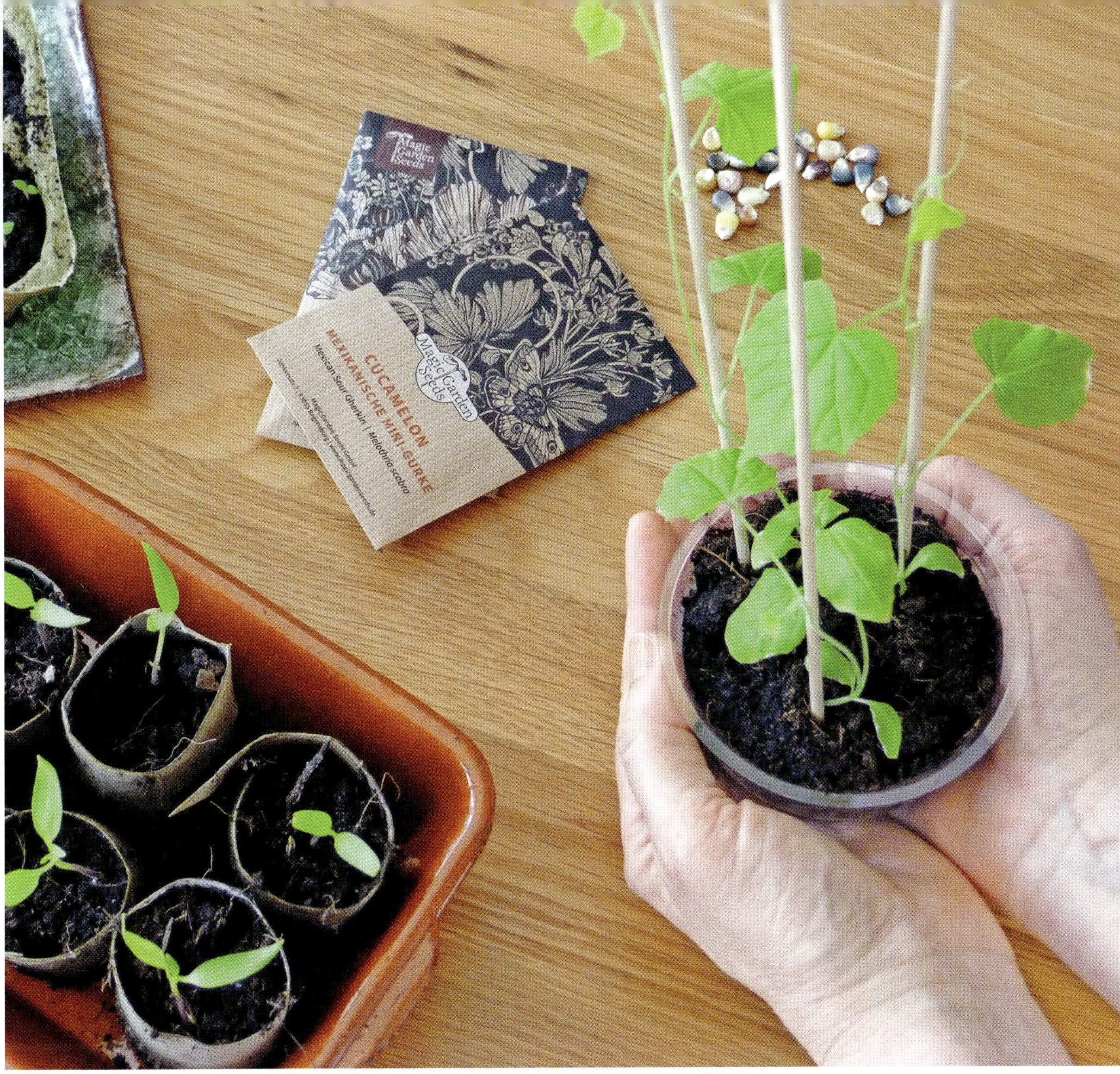

SO WIRD'S GEMACHT

1 Verabrede dich in einem Gartencenter oder einer Gärtnerei mit dir selbst oder mit Freunden. Am besten unter der Woche am Vormittag, da geht es dort sehr viel ruhiger zu.

2 Nimm dir einfach mal ganz viel Zeit, durch die Pflanzenreihen zu gehen und zu bewundern, wie viele Pflanzen und Blütenvarianten es gibt!

3 Suche aus, was du für deinen Sprossengarten brauchst: eine Keimschale und geeignete Samen. Für später vielleicht Töpfe und Anzuchterde. Lasse dich beraten, wenn du Fragen hast.

4 Gib deine Samen zu Hause in die Keimschale und benetze sie mit Wasser. Suche einen hellen Ort mit genügend Tageslicht, um die Schale aufzustellen. Behalte deine Schale im Blick und gieße sie regelmäßig nach Anleitung auf Samentütchen und Keimschale.

5 Nach einigen Tagen wirst du erste Sprossen ernten können. Nun kannst du einige Keimlinge umtopfen und schauen, wie sie sich entwickeln, wenn du sie regelmäßig und sorgsam pflegst. Nimm dir die Zeit und betrachte sie als Begleiter, das mögen sie sehr!

STEINE

Ist dir die besondere Kraft von Steinen bewusst? In der Körpertherapie kennen wir die Anwendung von warmen Steinen auf der Haut, die sehr erholsame, erdende Wirkung hat. An Flüssen begegnen uns zuweilen Steintürmchen mit beruhigender Wirkung, von Menschenhand geschaffen. Auch ein Grabstein ist ein besonderer Stein, Wächter einer anderen Welt. Der ein oder andere trägt einen Handschmeichler mit sich als Talisman: ein kleiner, glatter Stein, der eine ganz besondere Energie mit sich trägt. Es muss kein Halbedelstein sein: Jeder Stein wirkt für sich. Mit Wasserfarben kann man wunderbar auf Steinen malen.

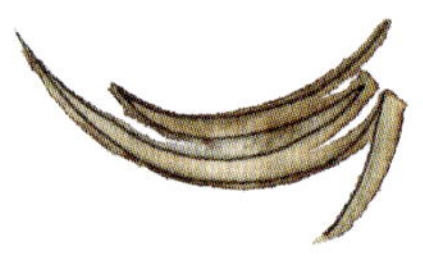

Einen ganz besonderen Stein hüte ich. Auch das Bild auf der nächsten Seite ist an der Isar entstanden – natürlich in der Nähe vom Zoo!

MATERIAL

- Steine
- Wasserfarben, natürlich
- Pinsel
- Wasser im Behälter

TIPP

Wenn es einen besonderen Stein gibt, kannst du diesen auch lackieren – und so zu deinem Talisman machen.

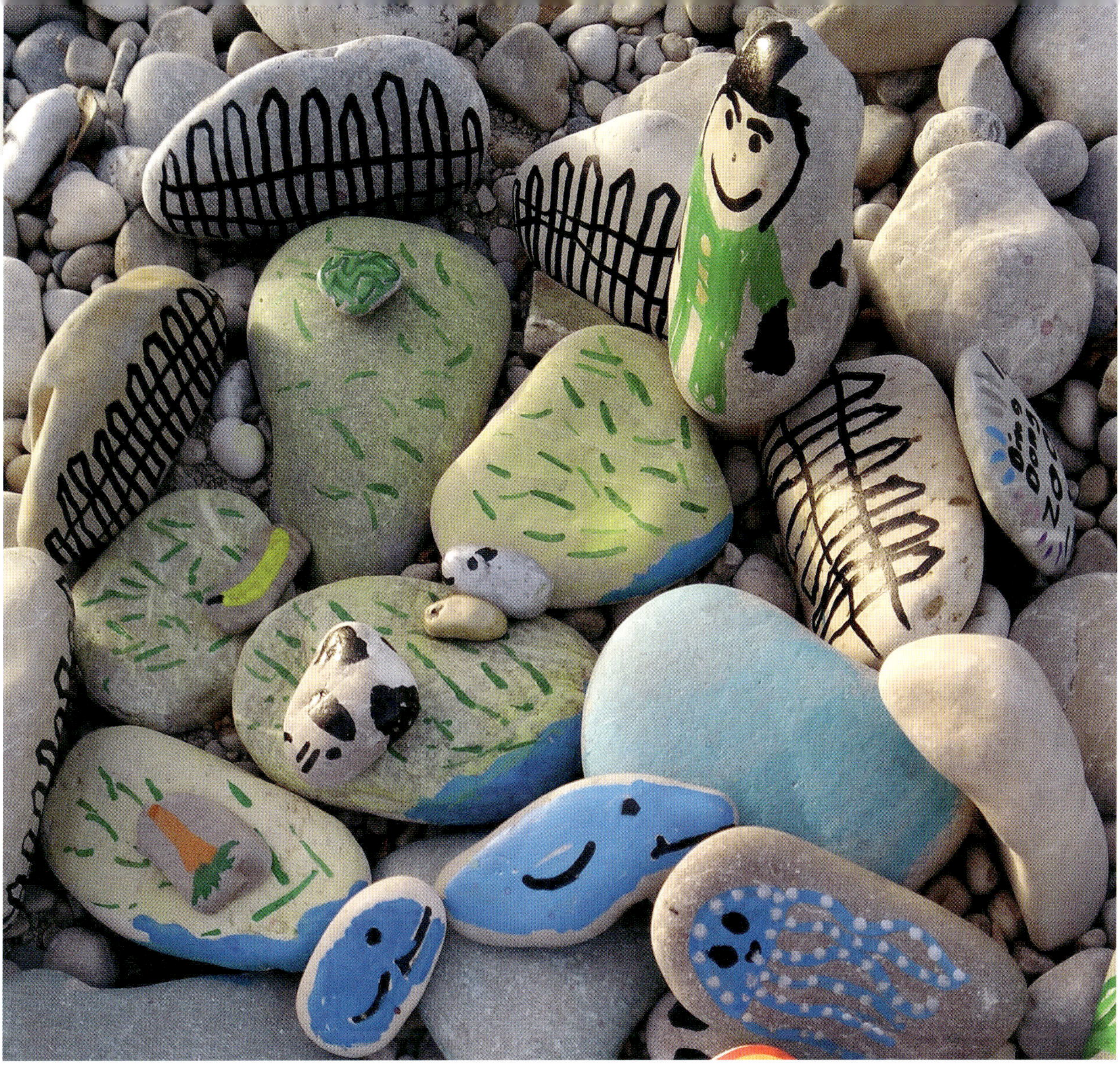

SO WIRD'S GEMACHT

1 Kennst du einen Platz, an dem du schöne Steine sammeln kannst? Vielleicht gibt es ein Flussbett, eine Küste oder einen Steinbruch in deiner Nähe. Das Sammeln an sich hat schon eine erdende Wirkung und verbindet dich auf besondere Weise mit der Natur. Suche Steine mit interessanten Formen und Oberflächen, aber auch runde und glatte.

2 Wähle deinen Platz zum Malen. Das kann auch direkt dort sein, wo du die Steine gesammelt hast. Ein achtsames Picknick in der Natur lässt sich ganz wunderbar verbinden!

3 Richte Farben und Wasserglas her.

4 Schau dir die Steine an: Verrät die Form, wie der Stein bemalt werden will? Mit welcher Farbe wirst du beginnen? Vielleicht beginnst du mit farbigen Kreisen oder Tupfen auf den Steinen, vielleicht entwickelst du aber auch eine konkrete Idee. Vielleicht wollen mehrere Steine ein Motiv ergeben?

5 Gerade mit Kindern kannst du gut mit Themen arbeiten, die gerade anstehen. „In meinem Himmel", „Was mir guttut", „Mein Krafttier", „Wachstum" oder „Meine Freunde" sind z.B. mögliche Themen. Überlegt gemeinsam, welches Thema euch guttut und worauf ihr Lust habt.

6 Lasse die Steinbilder auf dich wirken. Vielleicht findest du einen angemessenen Platz.

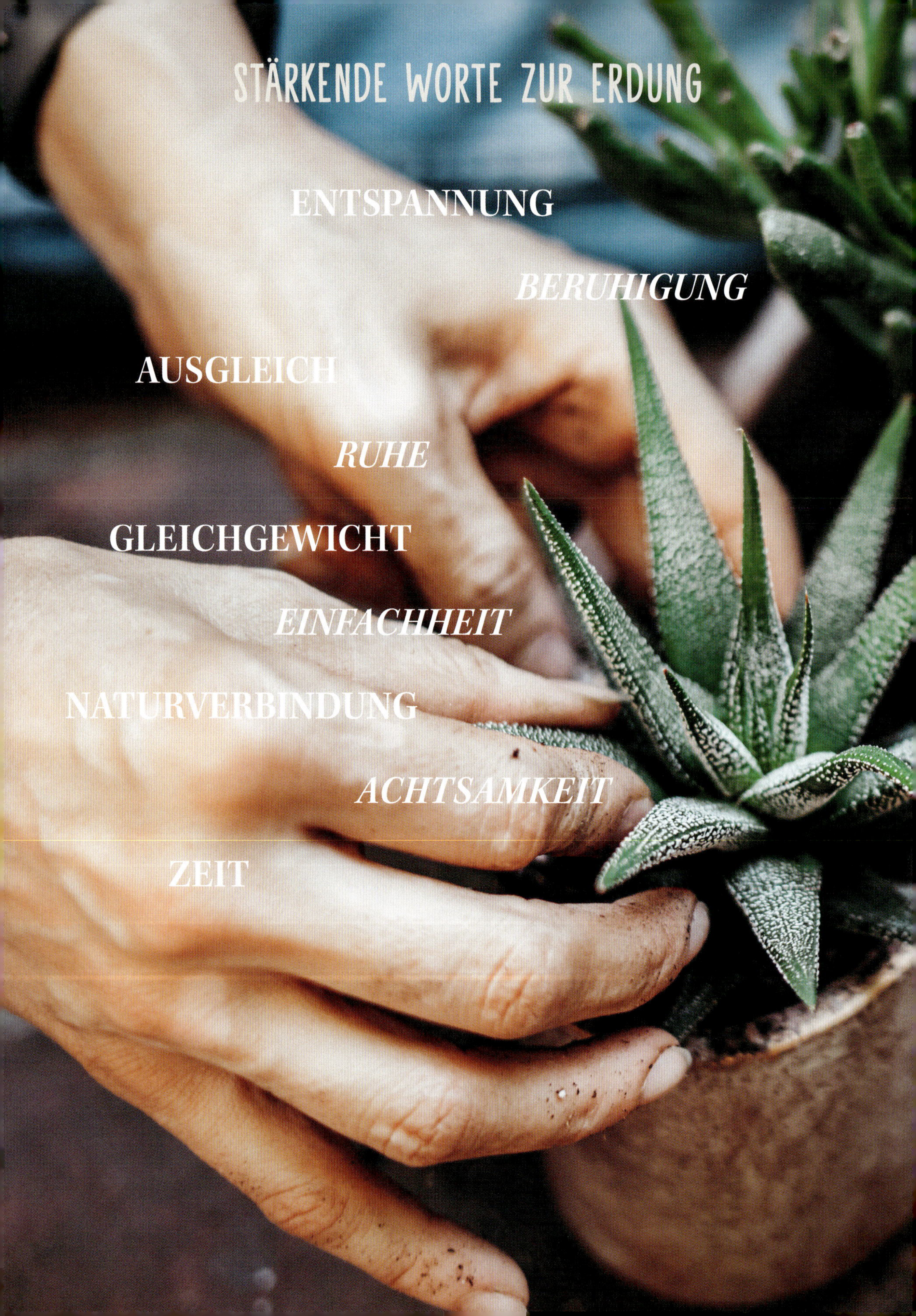
STÄRKENDE WORTE ZUR ERDUNG
ENTSPANNUNG
BERUHIGUNG
AUSGLEICH
RUHE
GLEICHGEWICHT
EINFACHHEIT
NATURVERBINDUNG
ACHTSAMKEIT
ZEIT

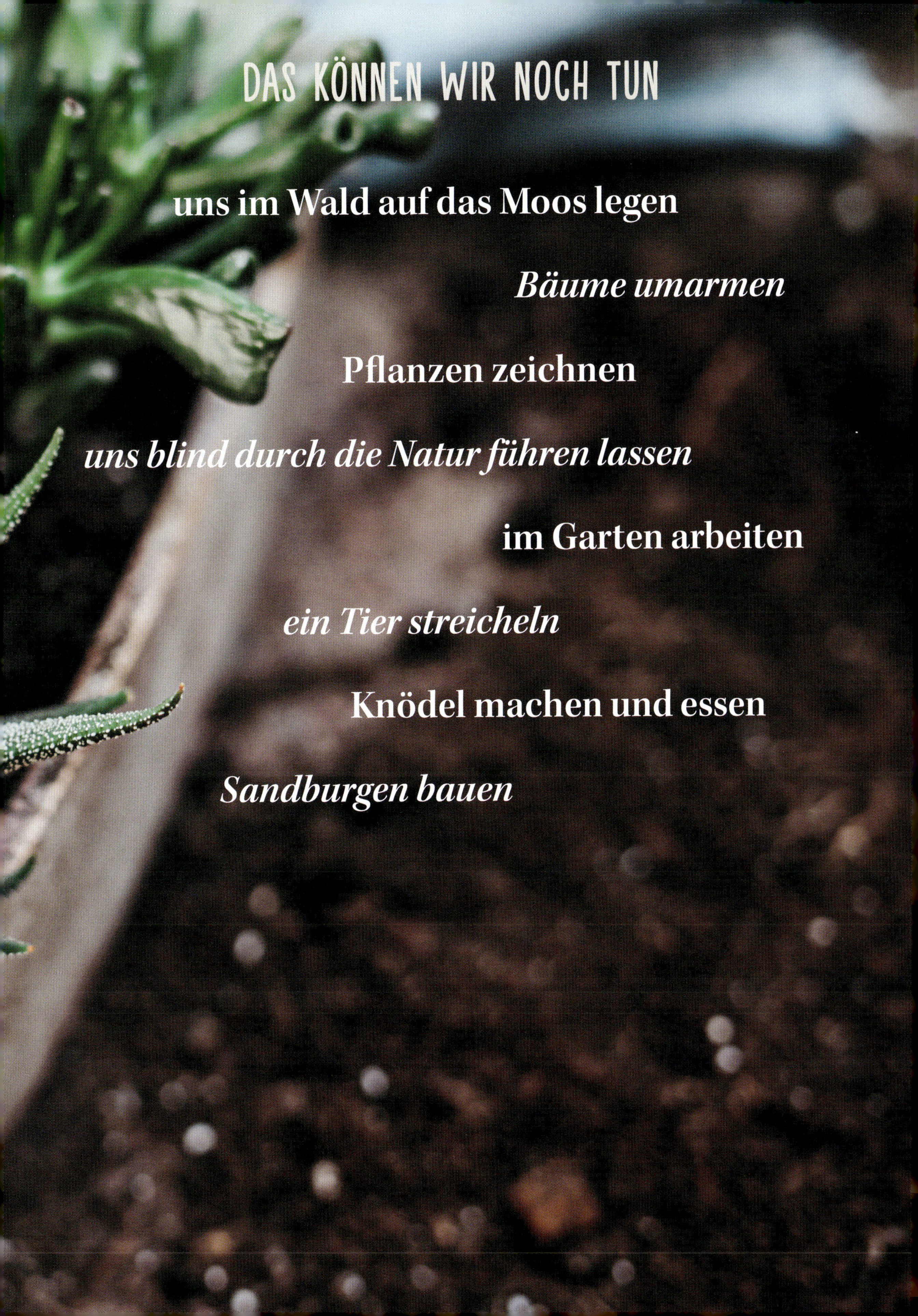

DAS KÖNNEN WIR NOCH TUN

uns im Wald auf das Moos legen

Bäume umarmen

Pflanzen zeichnen

uns blind durch die Natur führen lassen

im Garten arbeiten

ein Tier streicheln

Knödel machen und essen

Sandburgen bauen

Überforderung
Überlastung
Angst
Aufmerksamkeitsstörung
Nervosität
Unkonzentriertheit

„Was will ich?“

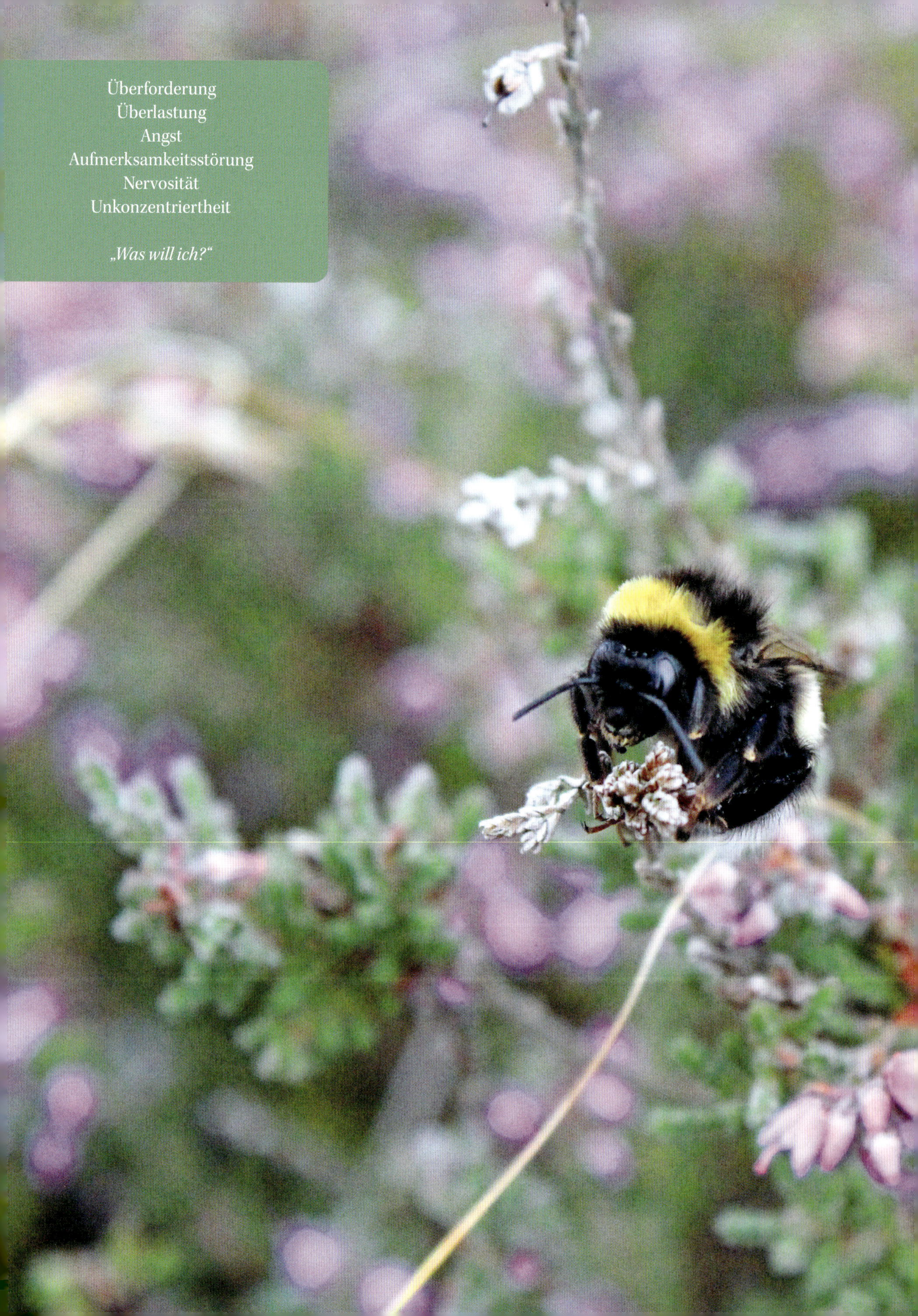

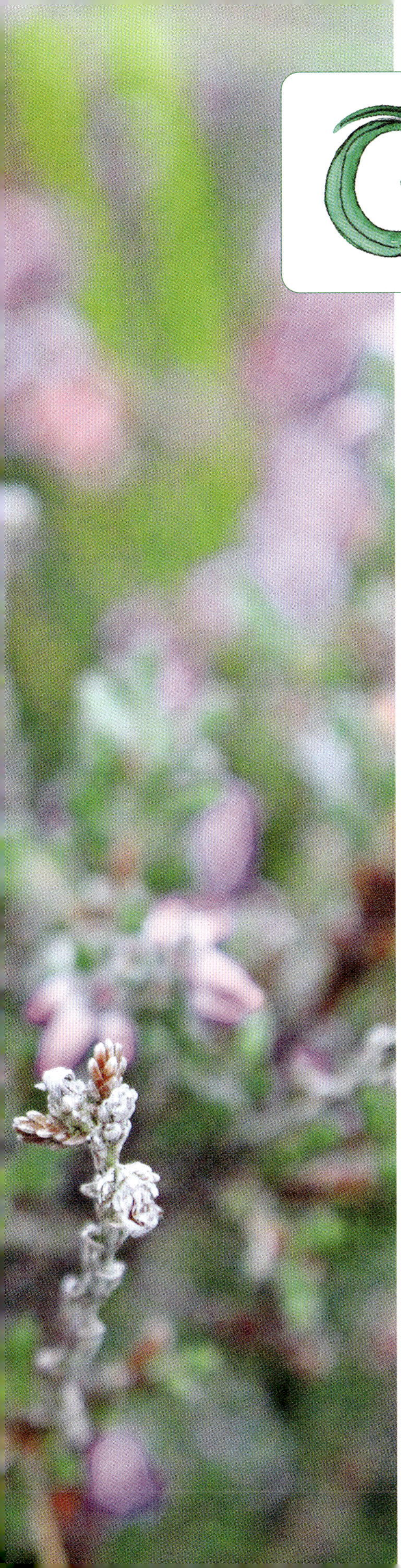

KONZENTRATION

Das Wort Konzentration verbinden viele fälschlicherweise einzig und allein mit dem Wort Leistung. Doch Konzentration hat noch ganz andere, viel wichtigere Qualitäten, die mir zugutekommen, wenn ich sie erlange! Mit Konzentrationsübungen kann ich Ängste abbauen und ein Schutzschild gegen Überforderungen aller Art aufbauen. Mit geschulter Konzentration verringere ich Nervosität – und lerne, mich auf das Wesentliche zu fokussieren. Wer sich im Konzentrieren übt, verliert vielleicht sogar einige unangenehme Ticks, die sich im Laufe der Zeit entwickelt haben.
Konzentration schenkt mir einen Raum für mich, in dem ich wachsen kann, in dem ich nicht abgelenkt bin und voll in eine Sache eintauchen kann. Die Konzentration fördert meine Orientierung, sie schult mein Gefühl für mich und erhöht meine Entscheidungsfähigkeit. Und das mit der simplen Technik, bei einer Sache zu sein und nirgendwo anders!
Konzentriere ich mich auf eine Tätigkeit im kreativ-handwerklichen Bereich, die von Wiederholungen geprägt ist, so kommt gleichzeitig mein Geist zur Ruhe und hat Zeit, sich mit sich selbst zu beschäftigen. Nicht selten öffnen sich hier Türen. Ausprobieren!
Kreative Projekte im Bereich der Konzentration sind oft mit Ausdauer und Durchhaltevermögen verbunden. Hier gibt es Hindernisse zu überwinden, die Übungen haben einen „gewissen Anspruch". Mitmachen! Durchhalten! Konzentrieren! Über den Weg dorthin und erst recht – über das Ergebnis staunen!!!

HELFENDES MATERIAL

Wolle, Farbe, Stoffe, Zeichenmaterial

IRRGARTEN

Einen Irrgarten malst du am besten allein! Nur dann kommst du in den richtigen Flow und kannst dich auf geheime, verwunschene Pfade begeben. Für dieses Projekt brauchst du auf jeden Fall etwas Zeit und einen schönen Ort, eventuell mit leiser Hintergrundmusik. Auch für Kinder, die anspruchsvollere Aufgaben mögen, ist dies eine schöne Konzentrationsaufgabe. Sie benötigen anfangs vielleicht etwas Anleitung, sollten dann aber in der Ausführung nicht gestört und korrigiert werden.

Irrgärten habe ich als Kind super gerne gemalt und meinen Kindern große Irrgarten-Bücher gekauft, in denen wir stundenlang Wege gesucht und gefunden haben. Es war immer eine gute Möglichkeit, auf andere Gedanken zu kommen.

MATERIAL

- großes Papier
- Bleistift
- Stifte
- Sitzkissen

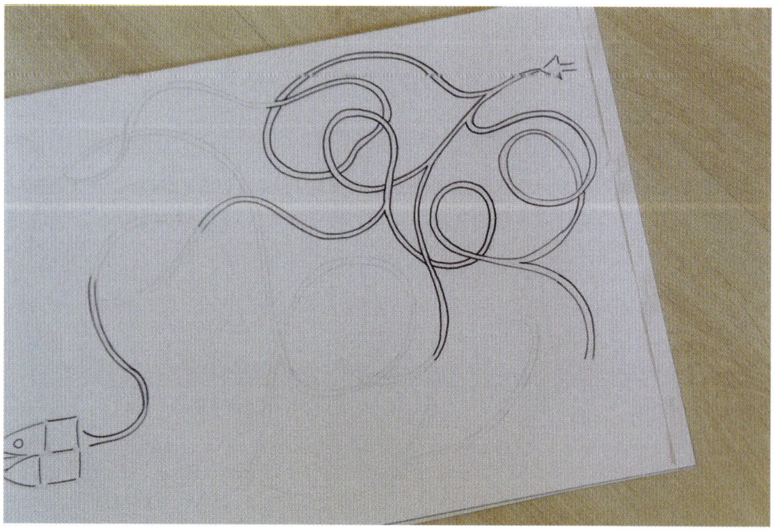

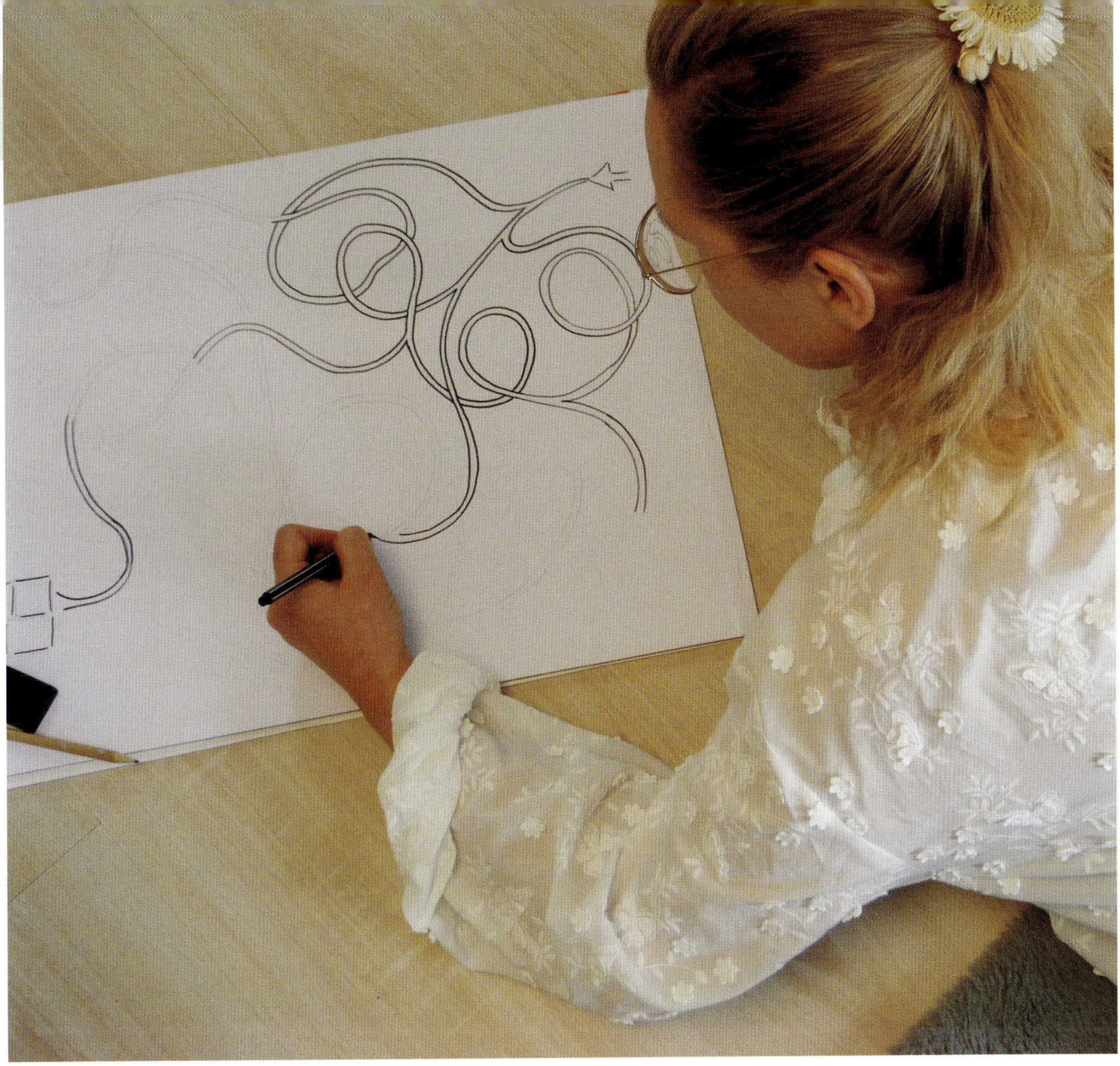

SO WIRD'S GEMACHT

1 Suche einen ruhigen Ort mit etwas Platz auf, lege ein großes Papier auf den Boden vor dich. Bestimme eventuell auf dem Papier einen Punkt als Ziel. Lege auf jeden Fall einen Startpunkt fest.

2 Mach dir Gedanken: Ist mein Labyrinth einfach oder soll es kompliziert sein, ans Ziel zu gelangen? Soll es Sackgassen geben, Gefahren, Abgründe? Abkürzungen oder Geheimwege? Wie sieht mein Labyrinth vor meinem inneren Auge aus? Male es dir in Gedanken aus, bevor du mit dem Zeichnen beginnst.

3 Skizziere dein Labyrinth zunächst mit einem Bleistift.

4 Fahre die Linien mit Stiften nach und belebe alles mit Farben. Konzentriere dich dabei ganz auf den Weg durch das Labyrinth, versuche dich hineinzudenken. Vielleicht platzierst du geheime Zeichen, die dir helfen, den richtigen Weg wiederzufinden. Vielleicht aber lässt du dich auch bewusst auf die Verwirrung im Irrgarten ein?

5 Wenn du magst, hänge deinen Irrgarten auf und lasse andere deinen Weg finden!

HEUTE ROT UND MORGEN BLAU – SCHAL MIT GEFÜHL

Wolle ist ein ganz wunderbares Material zur Förderung von Konzentration, Ausdauer und Erholung. Wolle wärmt, sie ist in der Regel natürlichen Ursprungs und der lange Faden, mit dem gearbeitet wird, trägt eine ganz eigene Energie. Die Symbolkraft eines Fadens an sich mit seinem Anfang und dem Ende ist doch unübersehbar, oder? Dieses Projekt wird sehr persönlich, sehr individuell und macht große Freude. Man sollte dafür jedoch Grundkenntnisse im Häkeln oder Stricken haben oder das Projekt zum Anlass nehmen, es zu erlernen. Auch das ist eine wunderbare Konzentrationsübung. Wenn du dich umhörst, findest du ganz sicher jemanden, der es dir gerne zeigt.

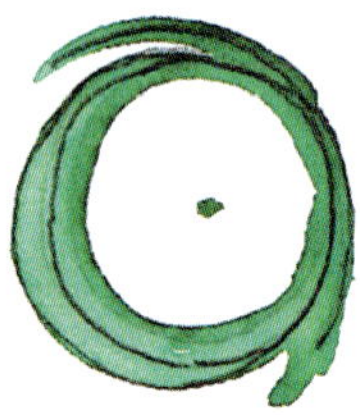

Während meiner Fortbildung zum Gesundheitscoach musste ich anfangs viel zuhören. So begann ich, nebenbei einen Schal zu häkeln, und gab aus reiner Freude an der Idee jeder Unterrichtseinheit eine passende Farbe auf meinem Schal. Diese Idee habe ich weitergesponnen.

MATERIAL

- Wolle, bunt
- Strick- oder Häkelnadel
- Schere
- Nadel zum Vernähen

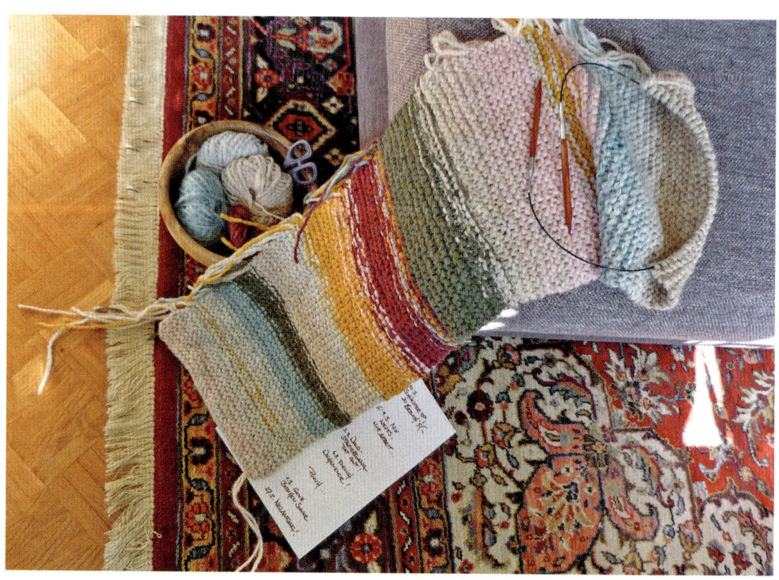

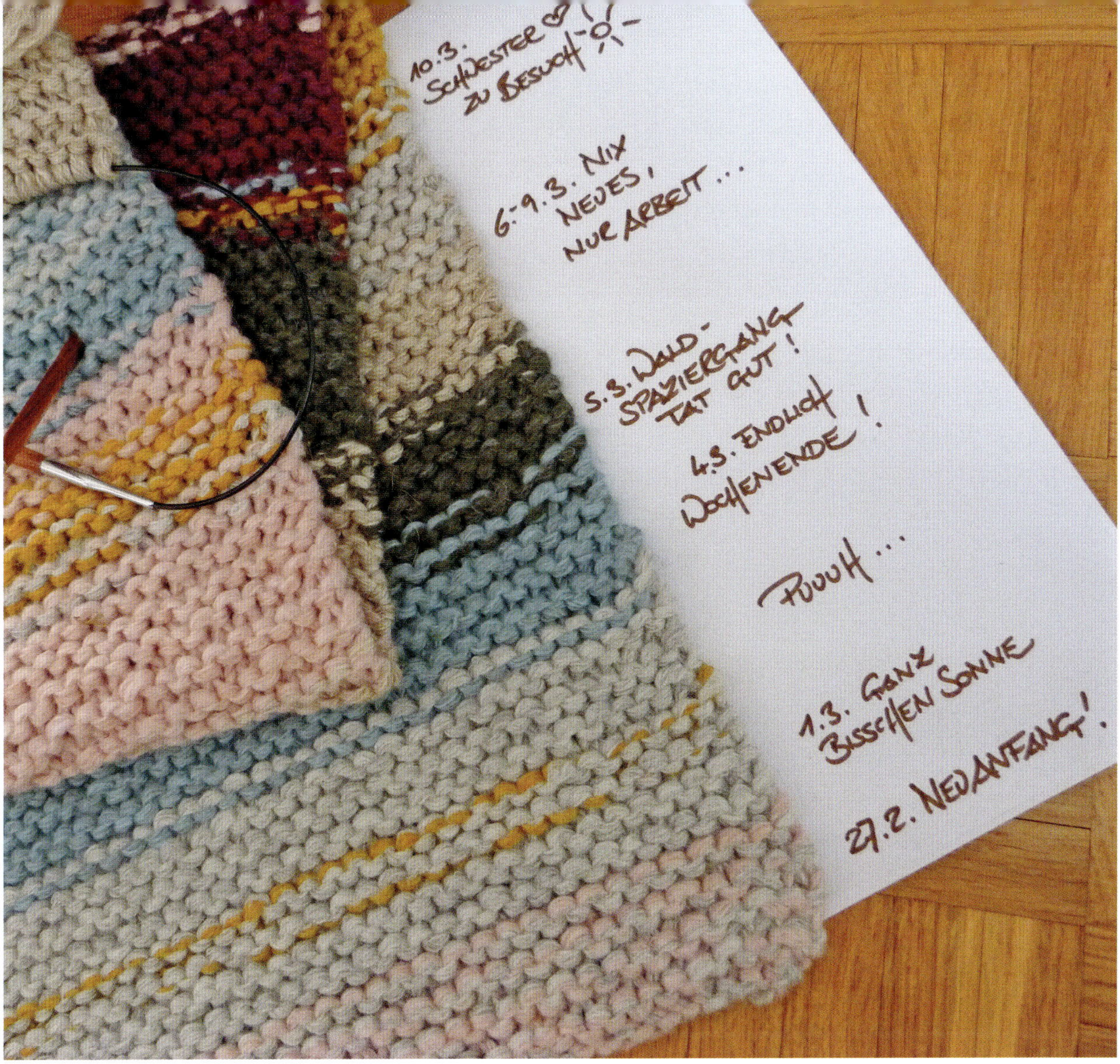

SO WIRD'S GEMACHT

1 Suche dir Wolle aus, die dir von der Beschaffenheit gut gefällt, sich toll anfühlt und eine zum Handarbeiten für dich passende Stärke hat. Dazu Nadeln in passender Stärke, wenn du entschieden hast, ob du häkeln oder stricken willst. Schon der Besuch im Wollladen macht sehr viel Spaß! Wähle schöne Farben, die zu deinen verschiedenen Stimmungen passen.

2 Beginne mit einem Probestück und finde heraus, mit welchen und wie vielen Maschen du deinen Schal häkeln oder stricken möchtest.

3 Nun beginne mit der Farbe, die dir guttut. Löse dich von dem Gedanken, einen „hübschen" Schal zu machen, und arbeite mit der Farbe, die du gerade brauchst. Du kannst auch immer mit zwei Fäden gleichzeitig arbeiten: Dann kannst du bei Bedarf zwei Stimmungen gleichzeitig verarbeiten und es entstehen neue, tolle Farbkombinationen!

4 Wechsle die Farben nach Gefühl. Konzentriere dich bei der Arbeit auf deinen Schal und verwachse mit dem Rhythmus der Handarbeit. Lasse die Gedanken fließen und den Schal langsam, aber kontinuierlich wachsen. Nimm dir immer wieder Zeit für die Arbeit an deinem Schal, wenn es dir guttut. Dann wirst du auch selber spüren, wenn er fertig ist.

5 Vernähe die Fäden am Schal bei Bedarf.

Du wirst deinen Schal lieben!

IRRE DUFTES KISSEN

Es gibt Düfte, die sind besonders gut geeignet, um die Konzentration zu fördern, und wirken zudem beruhigend. Hierzu zählen z.B. Engelwurz, Eukalyptus, Salbei, Zedernholz, Bergamotte, Zitrone, Lavendel, Rosmarin und Pfefferminze. Ein Duftkissen herzustellen macht Spaß und hat dufte Wirkung! Eines selber zu nähen ist gar nicht so schwer, aber auch dieser Prozess verlangt Konzentration und Genauigkeit. Die Arbeit mit Stoff, Blütenblättern und ätherischen Ölen kombiniert sanfte Materialien mit großer Wirkung, die von mehreren Sinnen aufgenommen wird: Wir fühlen, sehen und riechen das Ergebnis! Ein selbst gemachtes Duftkissen für eine liebe Freundin ist auch eine tolle Geschenkidee.

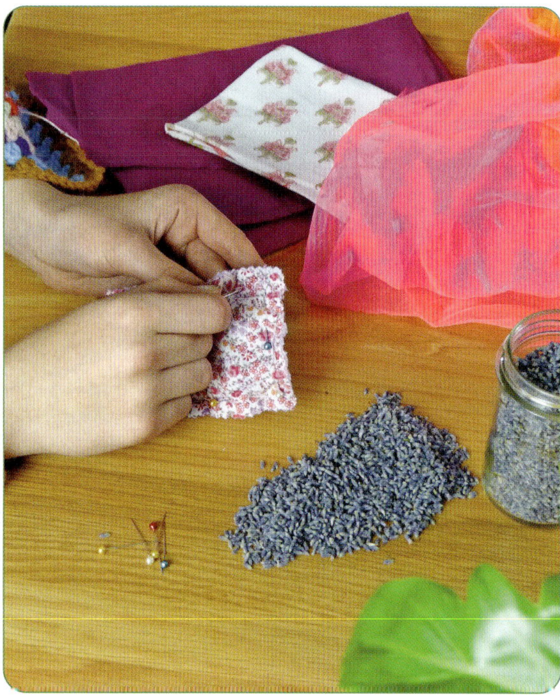

Duftkissen habe ich früher für meinen Kleiderschrank teuer eingekauft, aber die selbst gemachten sind einfach viel schöner!

MATERIAL

- Stoffreste, gerne halbtransparent
- Nähnadel und Stecknadeln
- Faden
- Ätherische Öle nach Gusto, siehe oben oder eine eigene Mischung
- Blüten, z. B. Lavendelblüten, getrocknet
- Zickzack-Schere

SO WIRD'S GEMACHT

1 Suche Stoffreste zusammen, die dir gefallen, vielleicht findest du für eine Seite etwas Halbtransparentes? Schneide zwei Stoffreste zu einem Viereck in gewünschter Größe und fixiere die beiden Läppchen mit Stecknadeln aufeinander.

2 Nähe die Läppchen an drei Seiten jeweils zusammen.

3 Fülle das entstandene Täschlein mit Blütenblättern.

4 Nähe die vierte Seite zu.

5 Beträufle dein Duftkissen zusätzlich mit 2–3 Tropfen ätherischem Öl.

6 Lasse das Duftkissen dein Begleiter sein!

DAS GLEICHE IST DOCH NICHT DASSELBE!

Diese Zeichenidee ist gut geeignet, zu zweit oder mit mehreren Personen Konzentration zu finden. Man kann auf diese Weise aber auch seinem Kind ein paar ruhige, konzentrierte, aber auch fröhliche Minuten schenken. Für Kinder, die von selber nicht so gerne zeichnen oder keine Idee haben, was sie zeichnen mögen, ist es eine tolle Inspirationsübung, deren Vorbereitung nur einiger Striche und Punkte bedarf!

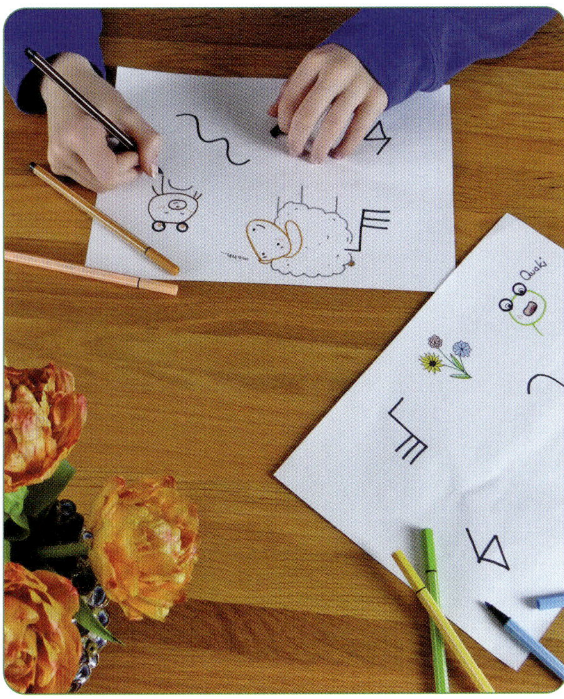

Als ich klein war, hat meine Mutter mir oft Blätter mit Formen bemalt, die ich dann weiter bearbeitet habe. Sie hat mir oft die Zeit damit vertrieben, wenn ich sie ins Büro begleitet habe. Solange, bis sie gemerkt hat, dass ich auch ihre Rechnungen vorsortieren kann ...

MATERIAL

- Papier, A4 oder A3
- Bunt- oder Filzstifte

SO WIRD'S GEMACHT

1 Zeichne auf so viele Papiere wie Mitmalende identisch mit schwarzem Stift 5 bis 6 einfache Formen, z.B. zwei Kreise, eine halbe Welle, einige Punkte ...

2 Setzt euch nebeneinander oder gegenüber und versucht nun, jeder auf seinem Blatt, aus den Linien und Formen Gegenstände zu zeichnen, die ein Bild ergeben. Nehmt euch hierfür ausreichend Zeit. Konzentriert euch auf das eigene Bild und versucht, nicht voneinander abzuschauen!

3 Nun vergleicht eure Zeichnungen miteinander!

Ist es nicht toll, wie verschieden die Bilder geworden sind, obwohl ihr mit gleichen Voraussetzungen gestartet seid?

STÄRKENDE WORTE ZUR KONZENTRATION

BESINNUNG

ENTSCHEIDUNG

GEDULD

ÜBUNG

FOKUSSIERUNG

ORIENTIERUNG

DAS KÖNNEN WIR NOCH TUN

eins nach dem anderen machen

entrümpeln

aufräumen

Klarheit schaffen

Routinen entwickeln

Handy ausschalten

Nüsse essen

Listen machen

nein sagen

Bücher lesen

Puzzle spielen

Rätsel lösen

Blumenschatten abzeichnen

Perlen auffädeln

Schwäche
Krankheit
Umbruch
Ignoranz
Resonanzlosigkeit
Vertrauensmangel
Unmut
Wut

„Jetzt bin ich dran!“

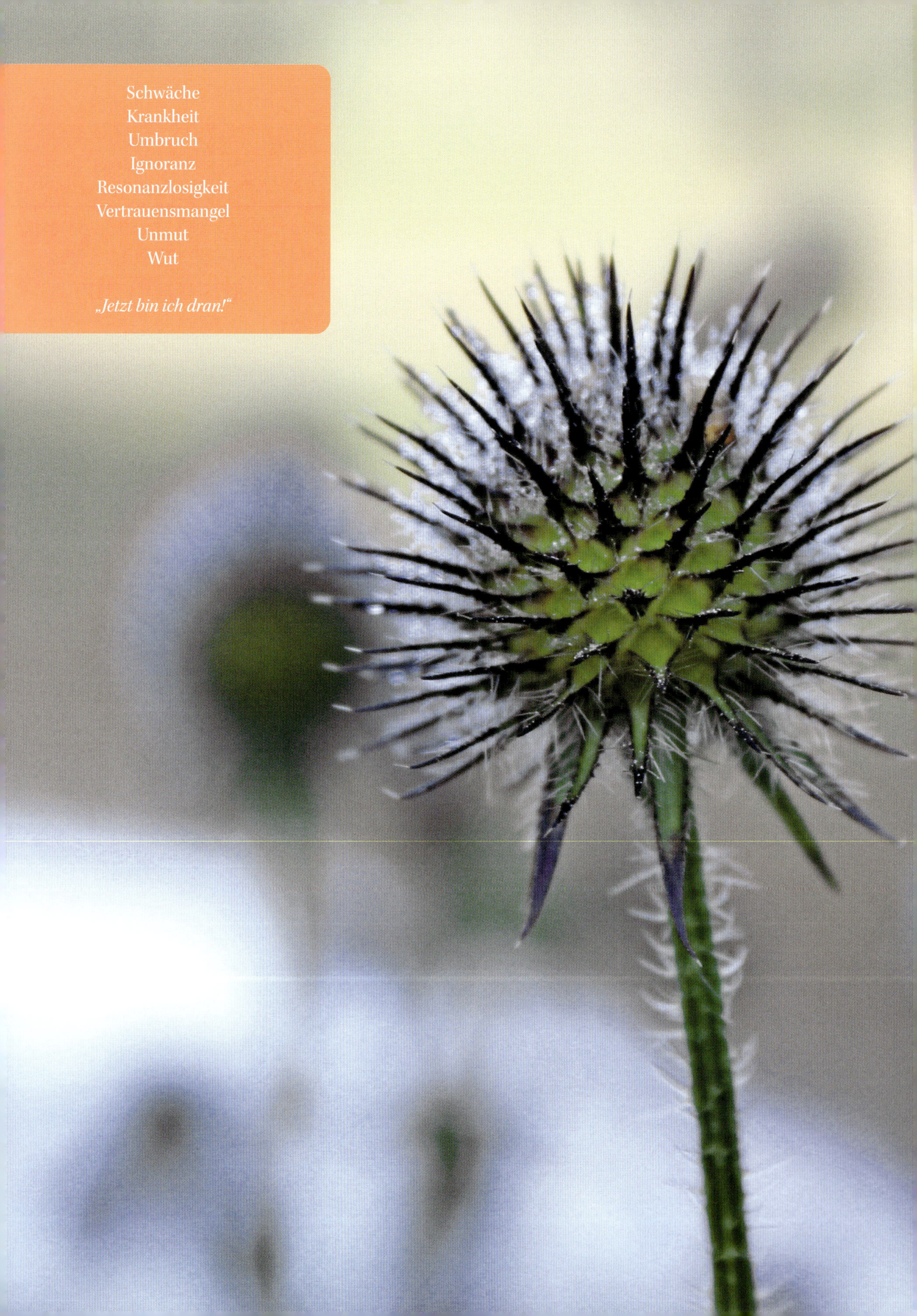

STÄRKUNG

Stark sein, das klingt toll. Und stark sein, das ist manchmal lebenswichtig. Vor der Kinderkrebsstation einer Münchner Kinderklinik stand lange in großen Lettern am Umbau-Zaun: „Sei stark!"
Ja, manchmal nützt es nix, manchmal MUSS man stark sein. Denn: Stärke hilft!
Aber wo kommt sie her, die Kraft? Stärke kann man sich holen! Lasse dir helfen, deine Stärke zu finden. Denn es gibt andere, die dir gerne etwas abgeben, und es gibt die inneren Kräfte, die du in dir erwecken kannst.
Einige schlafen vielleicht tief und wissen noch gar nichts davon, dass du sie brauchst. Gib ihnen Bescheid!
Spiele der Stärke helfen: besonders nach Krankheiten, in Phasen des Umbruches und in Zeiten, in denen man das Gefühl hat, nicht wahrgenommen oder sogar ignoriert zu werden.
Diese Spiele lassen uns wachsen, lassen uns unser Selbstbewusstsein wiedererlangen, unsere versteckten inneren Kräfte entdecken und helfen uns, mit ihnen in Resonanz zu gehen.
Spiele der Stärke machen Mut!
Die Materialien für dieses Kapitel sind sehr unterschiedlich, laut, bunt und wunderbar!
Und jede Idee ist individuell wandelbar.

HELFENDES MATERIAL

Schminke, Wolle, Farbe, Haushaltsutensilien

MEINE SONNE

Die Sonne ist das Zentrum unserer Galaxie und Kraftspender allen Lebens auf unserem Planeten Erde. Die Sonne steht für Kraft, für Energie, für Freude und Wachstum. Die Sonne wärmt uns und gibt uns Heimat. Sie ist unser Mittelpunkt. Wenn wir uns in diesen Mittelpunkt versetzen, können wir genau diese Kräfte der Sonne auch in uns spüren. Wenn wir wollen! So wie die Sonne der Mittelpunkt der Erdumlaufbahn ist, so sollten wir Mittelpunkt unseres eigenen Ichs sein, von dem aus wir unsere Strahlen und Funken versprühen – WOW, das macht stark!

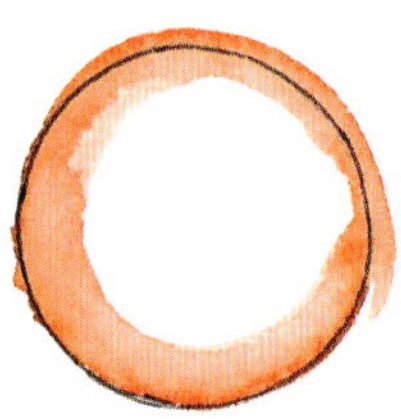

Ich erinnere mich an einen Nachmittag in meiner Kinderkreativgruppe, in der wir uns alle als Sonne malten. Die Bilder der Kinder entwickelten sich so einmalig und ausdrucksstark! Und hinterher machten alle Kids einen besonders glücklichen Eindruck!

MATERIAL

- Papier, DIN A2
- Dispersionsfarben
- Pinsel, verschiedene Stärken
- Wasserglas
- Krepp-Klebeband
- Unterlage

HINWEIS

Wenn du mit Kindern arbeitest, lasse sie ruhig auch mehrere Bilder malen, wenn sie nicht zufrieden sind. Und lasse sie entscheiden, ob sie ihr Bild für andere sichtbar machen oder ganz für sich haben wollen.

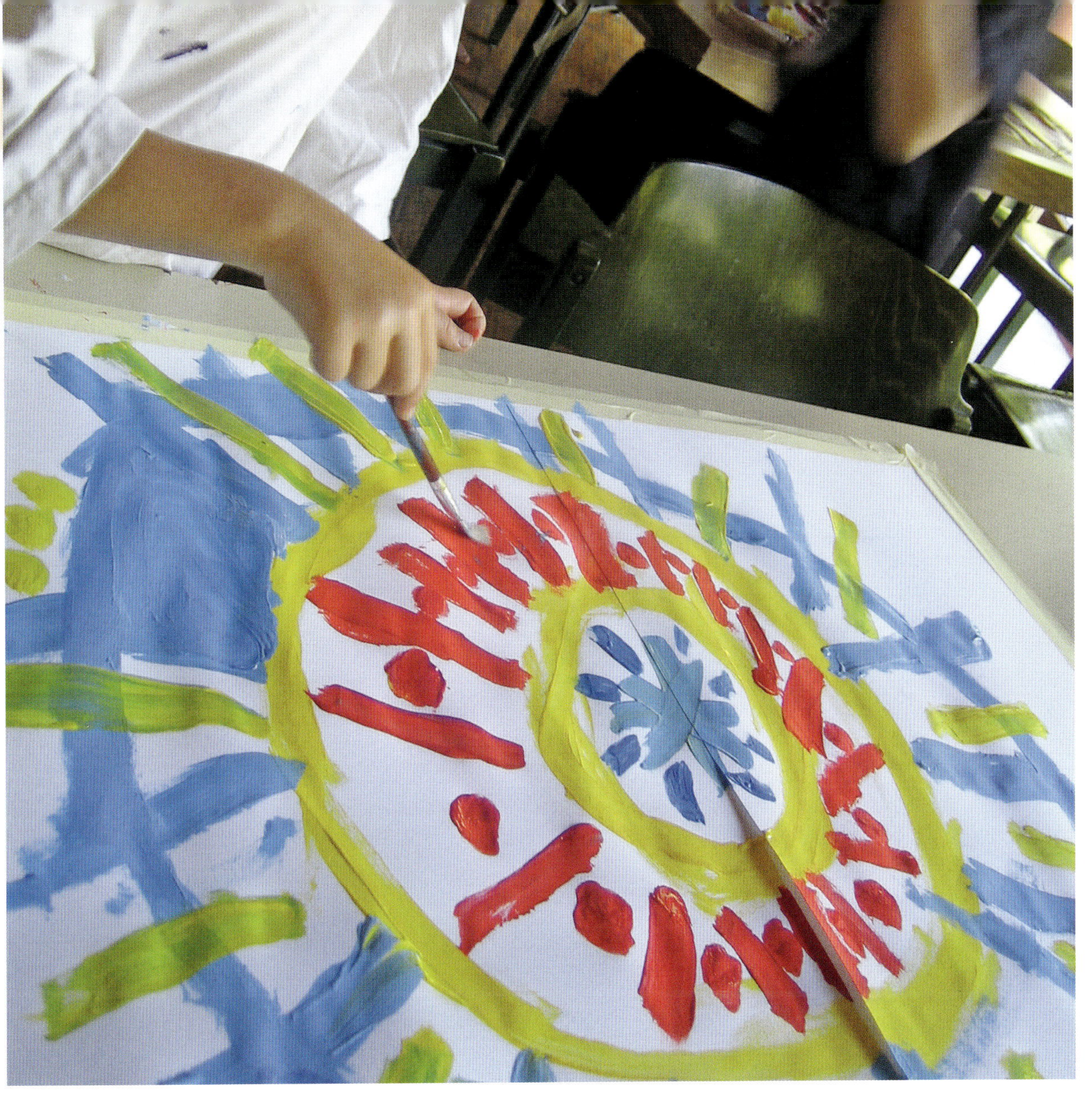

SO WIRD'S GEMACHT

1 Klebe das Papier auf der Unterlage an allen Seiten umlaufend fest. So vermeidest du, dass es sich nach dem Trocknen wellt, und kannst auch entspannter arbeiten.

2 Überlege dir: Wenn ich eine Sonne wäre, wie sähe ich aus? Vielleicht schließt du kurz die Augen, um ein inneres Bild DEINER Sonne in dir entstehen zu lassen.

3 Öffne deine Augen und wähle nun die passenden Farben.

4 Male deine Sonne!

5 Lasse deine Sonne gut trocknen, bevor du das Klebeband löst. Finde für sie einen schönen Platz! Vielleicht magst du sie fotografieren und als Hintergrundbild für dein Handy oder deinen Bildschirm nutzen? So hast du deine Sonne immer wieder sichtbar und kannst ihre Kraft tanken, wenn du sie brauchst!

SEI LAUT!

Musik war immer schon ein Mittel, die Entwicklung zu unterstützen. Die Musiktherapie ist eine angesehene Möglichkeit, in Resonanz mit mir und meiner Umwelt zu kommen. Möglichkeiten, Musik zu machen, gibt es in jedem Haushalt, auch in jenen ohne Musikinstrumente! Und musikalisch muss man nicht sein, um sich stark zu spielen.

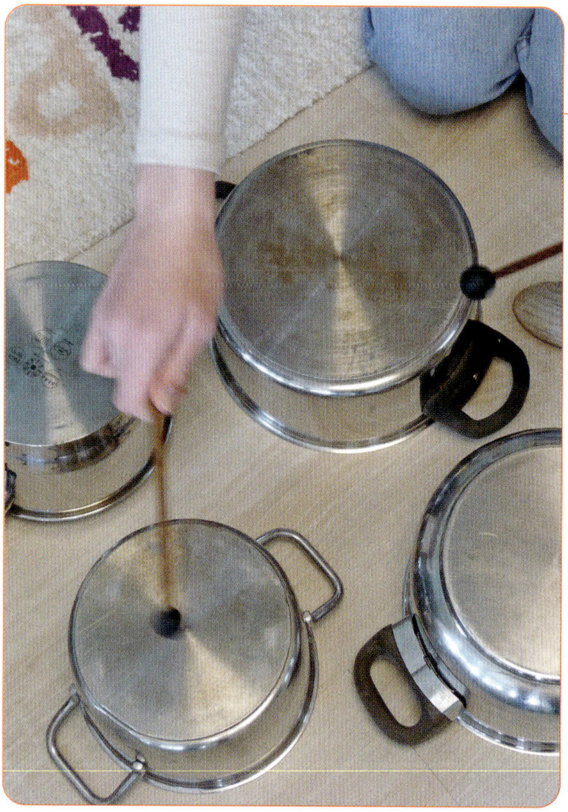

Laut Musik zu machen, fällt nicht jedem leicht. Ich kann deshalb auch ein Klavier mit „Silent Mode" empfehlen, damit kann man nur für sich selbst viel Lärm machen!

MATERIAL

- Töpfe
- Gläser
- Kochlöffel
- Löffel
- Wasser
- Aufnahmegerät

SO WIRD'S GEMACHT

1 Stelle dir eine Auswahl an Töpfen und Gläsern zusammen. Die Gläser kannst du mit Wasser füllen.
2 Probiere mit dem Kochlöffel und dem Löffel aus, welche Töne die Töpfe und Gläser machen, und variiere z.B. in der Wasserhöhe.
3 Mache ein Topfkonzert! Je lauter, desto besser! Genieße das Spiel und werde erfinderisch!
4 Komponiere, wenn du magst, eine kleine Melodie. Nimm sie auf und höre sie dir anschließend an!

SEI SCHÖN!

Manchmal gibt es Zeiten, da sollte man sich ganz genau im Spiegel anschauen – um sich einmal wieder bewusst zu werden, was für ein einmaliges Kunstwerk man eigentlich ist. Ganz gleich, ob Mann oder Frau! Ein bisschen Glitzer, das sollte man sich beizeiten einmal gönnen, sich selbst ein bisschen, nein auch richtig! – streicheln und anlachen. Das tut unheimlich gut und macht stark!

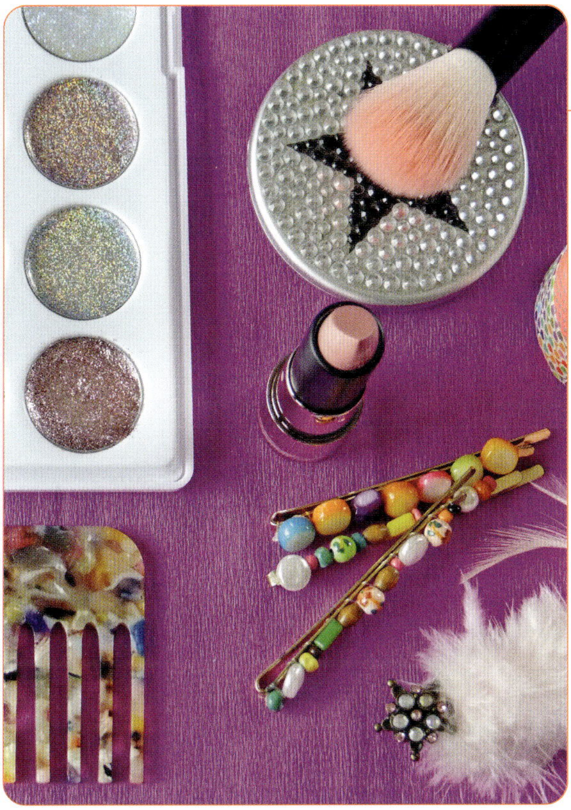

Einmal war ich in einem Seminar, in dem mich eine Clownfrau geschminkt hat. Sie hat uns gelehrt, reizend und achtsam mit unserem Gesicht umzugehen. Wochenlang noch habe ich hinterher meine Nase, die ich vorher nicht für besonders schön hielt, mit Glitzerpuder betont und mich jeden morgen im Spiegel angelächelt!

MATERIAL

- Seife
- Handtuch
- Waschlappen
- Glitzerpuder
- Lidschatten
- Lippenstift nach Wahl
- Kosmetikpinsel, Applikatoren
- großer Spiegel

SO WIRD'S GEMACHT

1 Reinige zunächst in Ruhe dein Gesicht mit warmem Wasser und Seife.

2 Setze dich entspannt vor einen Spiegel. Nimm dir Zeit, dein Gegenüber genau anzuschauen. Wen siehst du denn da? Begrüße dich und lache dich an.

3 Nimm dir deine Schminkutensilien und beginne, dich mit Glitzer zu bezaubern. Schenke den Gesichtspartien, die du vielleicht bisher nicht so beachtet hast oder vielleicht nicht so gern magst, dabei besondere Aufmerksamkeit. Das sind oft die Gesichtspartien, die uns charakterisieren, weil sie vielleicht einmaliger sind! Betone diese vielleicht einmal und schenke ihnen ein Lächeln!

4 Zur Erinnerung an deine Aktion mache doch ein Foto von dir oder bleibe einfach geschminkt oder setze deinen Kussmund auf den Spiegel ... Behalte dir ein bisschen von dem Lächeln und dem Glitzer im Herzen, bevor du dein Gesicht wieder reinigst.

Denn natürlich bist du auch ohne Glitzer schön!

EIN STARKES BAND

Die Kraft, die von einem Freundschaftsband ausgeht, ist nicht zu unterschätzen. Mädchen im Grundschulalter haben ein besonderes Faible dafür, aber auch Erwachsene schmücken sich gerne mit symbolhaften Bändern und Anhängern. Schließlich drückt man damit aus, was einem wert ist, es an sich zu tragen. Starke Bänder lassen sich leicht herstellen. Sie haben eine besondere Kraft, wenn man sie verschenkt, aber auch sich selbst darf man diese Kraft zukommen lassen. Das ist sogar in einigen Situationen besonders wichtig: etwa um wieder in Kontakt mit sich selbst zu kommen, sich selbst wertzuschätzen und sich daran zu erinnern, dass man etwas Besonderes ist.

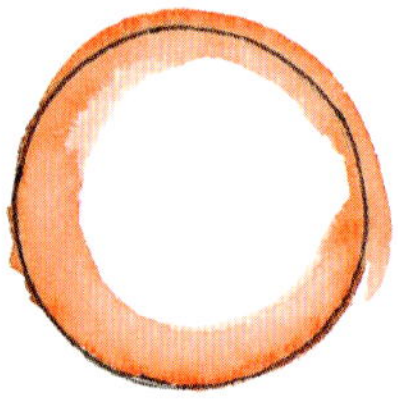

Ich habe aus Langeweile in der Kinderklinik angefangen zu häkeln. Angefangen habe ich mit Topflappen für meine Schwester und Armbändern für die Klinikkids. Die haben sich wahnsinnig gefreut und sie mit Stolz am Arm getragen, der vor lauter Einstichen manchmal ganz blau war.

MATERIAL

- Wollgarne in bunten Farben
- Häkelnadel
- Schere
- evtl. Stickgarn

TIPP

Mit einfachem Plattstich aus Stickgarn kannst du das Armband auch mit Namen besticken oder mit Perlen verzieren. Für die Grundtechniken im Häkeln gibt es viel Literatur, Erklärvideos – oder noch besser: Du lässt es dir von jemandem beibringen!

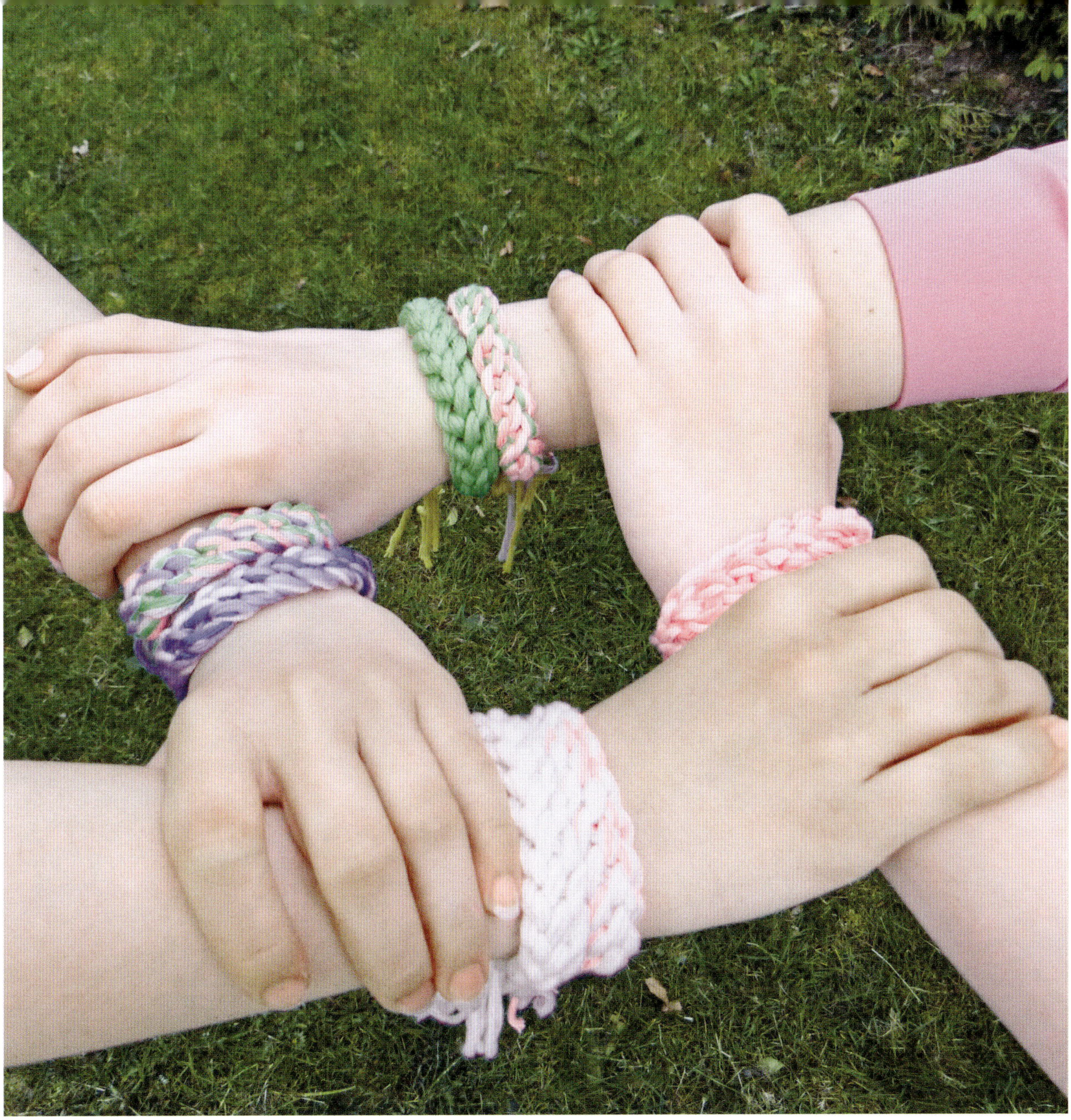

SO WIRD'S GEMACHT

1 Fertige zunächst eine kleine Schlaufe aus mehreren bunten Fäden, lasse dabei die langen Anfangsfäden hängen. Nun häkelst du zwei Luftmaschen und stichst dann in die erste Luftmasche, durch die du dir eine weitere Schlaufe angelst. Dann ziehst du einen Faden durch beide Schlaufen durch. Danach stichst du durch die erste abgemaschte Masche, holst dir nochmals den Faden hindurch, sodass du wieder zwei Schlaufen auf der Nadel hast.

2 Diesen Vorgang so lange wiederholen, bis das Armband dir um das Hand- oder Fußgelenk reicht. Nun wird abgemascht und der Faden lang abgeschnitten.

3 Überlege: Willst du dein Armband verschenken oder behalten?

4 Mit dem Anfangs- und Endfaden lässt sich das Armband ums Hand- oder Fußgelenk binden, entweder um dein eigenes oder um das eines lieben Freundes.

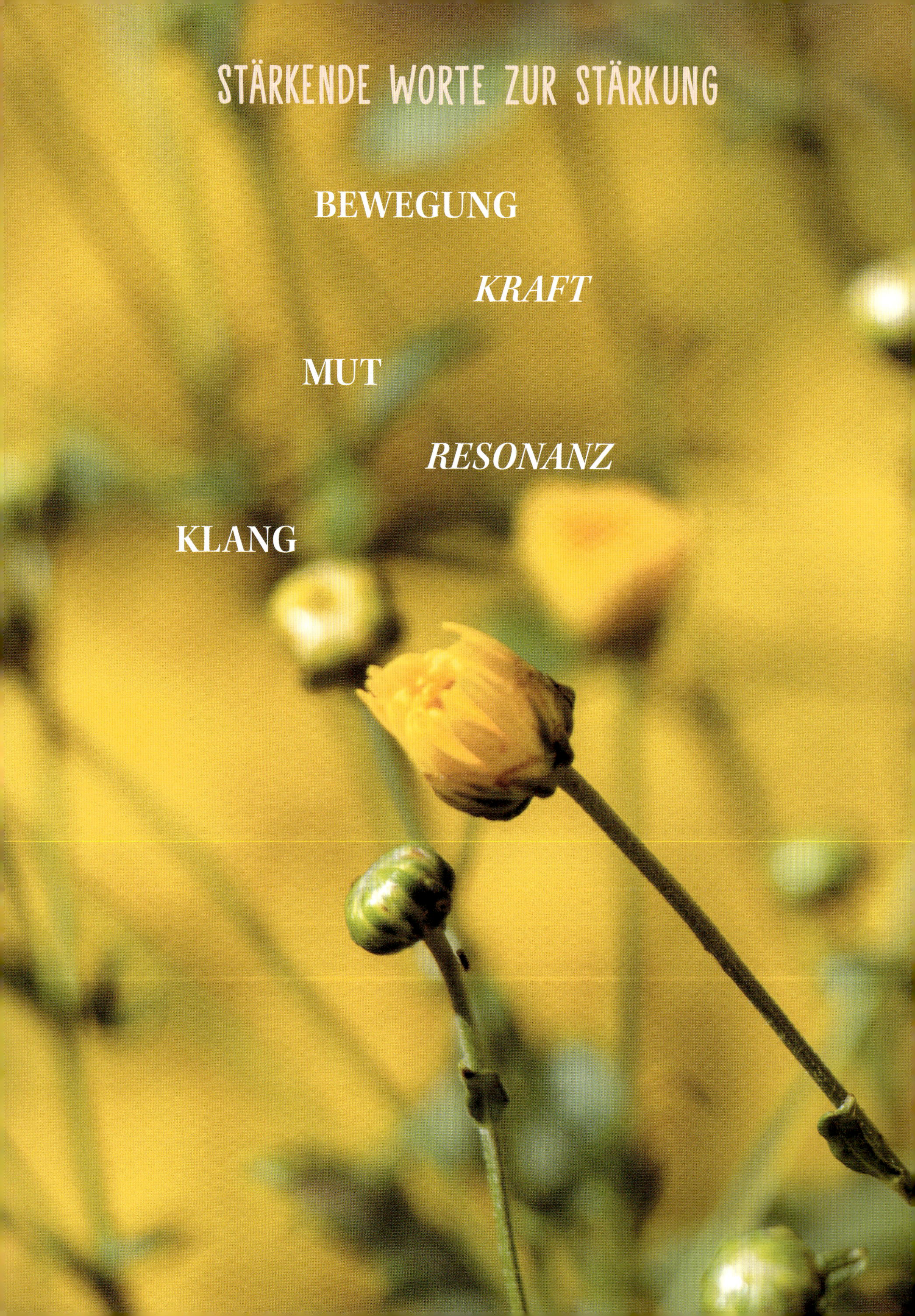
STÄRKENDE WORTE ZUR STÄRKUNG
BEWEGUNG
KRAFT
MUT
RESONANZ
KLANG

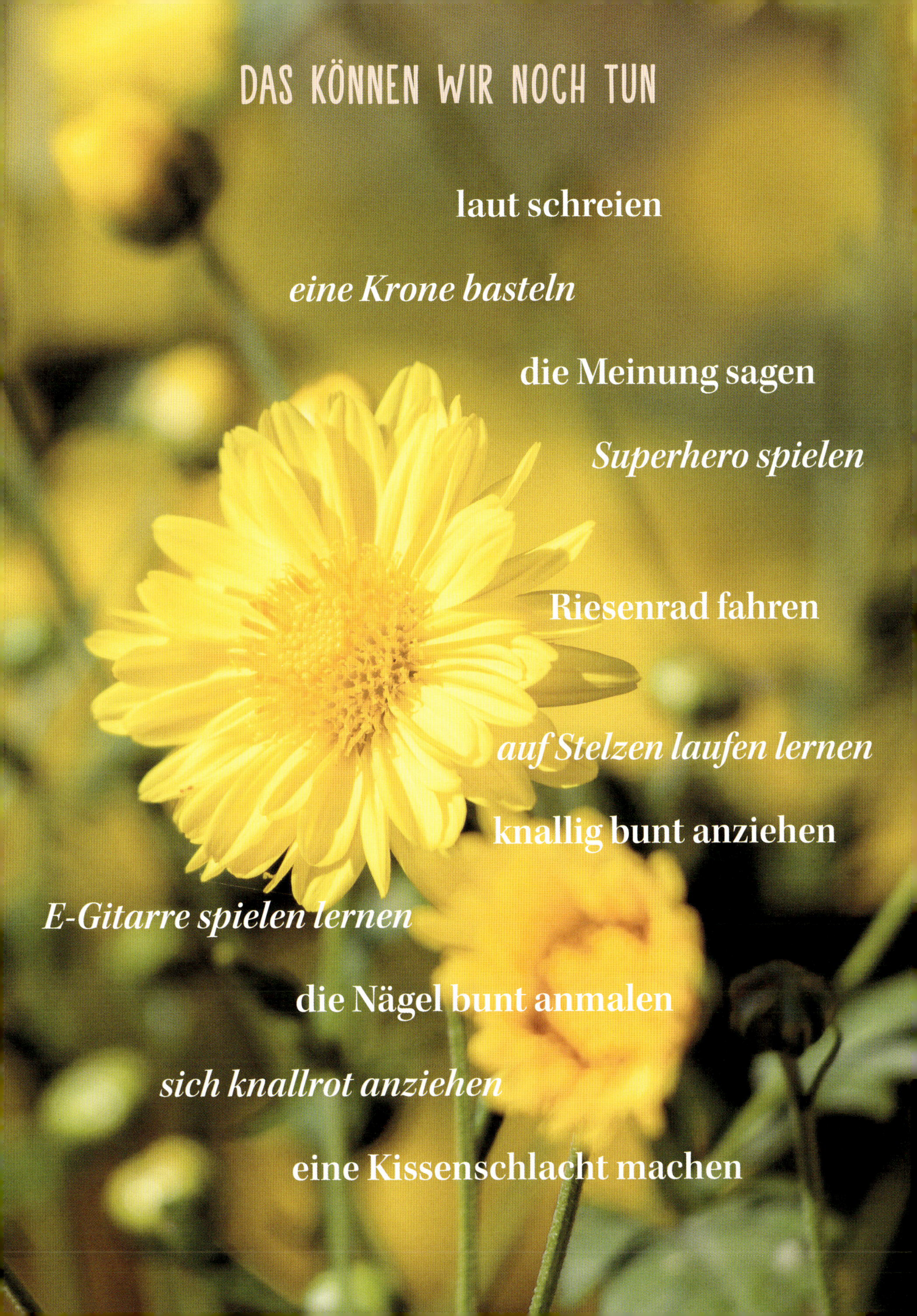

DAS KÖNNEN WIR NOCH TUN

laut schreien

eine Krone basteln

die Meinung sagen

Superhero spielen

Riesenrad fahren

auf Stelzen laufen lernen

knallig bunt anziehen

E-Gitarre spielen lernen

die Nägel bunt anmalen

sich knallrot anziehen

eine Kissenschlacht machen

Starrheit
Überhitzung
Trägheit
Müdigkeit
Erschöpfung
Schwere
Demotivation

„Belebe Mich!"

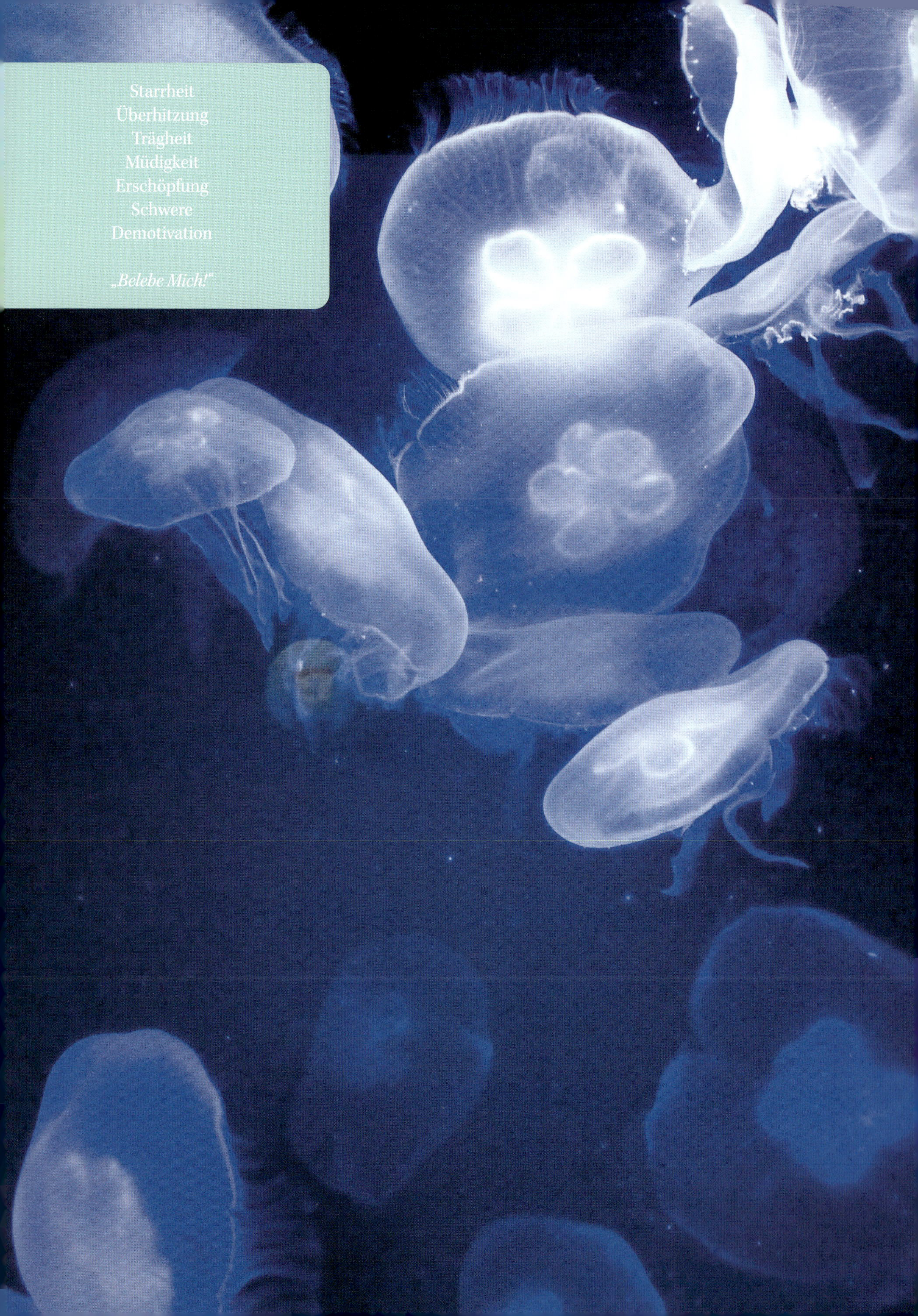

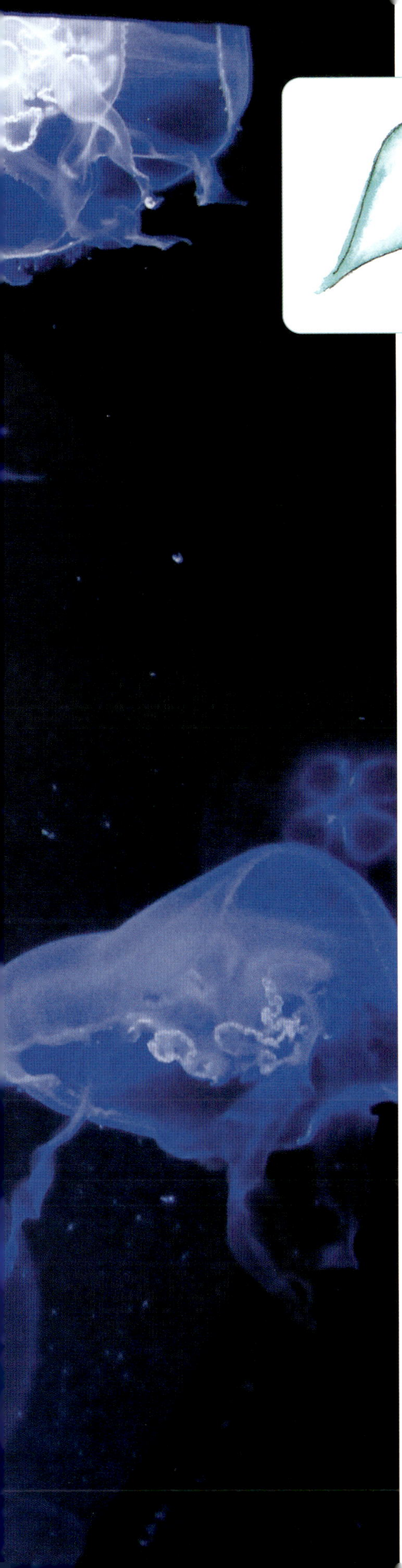

VITALISIERUNG

Vita heißt Leben. Uns zu vitalisieren heißt, uns lebendiger werden zu lassen, im Geist wie im Körper. Genauso lebendig soll dieses Kapitel werden! Deshalb wird es nun spritzig, heiter und vor allem: erfrischend!
Vitalisierung können wir gebrauchen, wenn wir zwar bei uns sind, jedoch erschöpft und müde. Wir können sie brauchen, wenn unsere Umgebung angespannt und aufgeladen ist, wenn wir eine Pause benötigen und wir unser Energielevel auf Vordermann bringen wollen.
Projekte zur Vitalisierung funktionieren nur, wenn die Grundstimmung passt und die Belastungen nicht zu hoch sind. Dann befreit sie unseren Geist und belebt Körper und Seele!
Das wertvollste Material zur Aktivierung unserer Lebendigkeit ist das Wasser. Die Wirkung von Wasser wird sowieso unterschätzt, immer wieder!
Aber auch der Wind wirkt vitalisierend! Und dann sind da noch all die bunten Farben ...

HELFENDES MATERIAL

Wasser, Eis, Wind, Säfte, bunte Farben, dünne Stoffe

WASSER IN BUNT

Wasser ist DAS Element der Vitalisierung! Aber auch bestimmte Farben können eine erfrischende Wirkung auf uns haben. Hier kommt beides zusammen, Wasser und Farben: gemeinsam eine wunderbar erfrischende Verbindung! Buntes Wasser kann man ganz toll mit Kindern herstellen, wähle aber einen Platz, an dem man bedenkenlos planschen kann! Denn diese Aktion kann gerne auch einmal länger dauern …

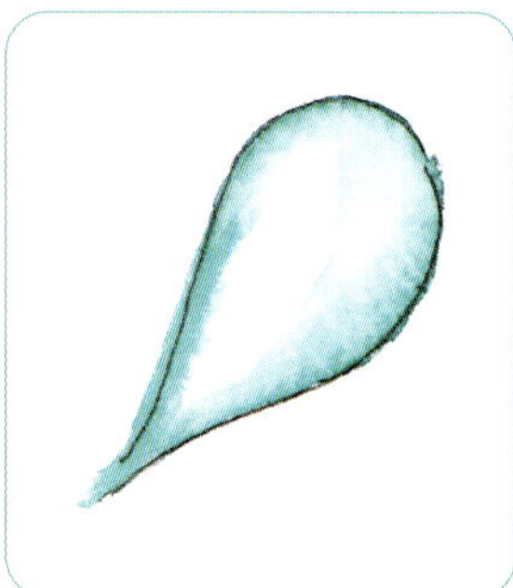

Wasser in bunt habe ich als Kind mit einer Freundin zusammen „erfunden“. Durch einen Zufall waren wir auf die Idee gekommen, Krepppapier ins Wasser zu legen, und waren vom Abfärben so fasziniert, dass wir uns stundenlang damit beschäftigten. Die schönen, leuchtend transparenten Farben verzauberten uns. Wir haben uns damals vorgestellt, wir wären Apothekerinnen und mischen unglaubliche Medikamente … Glücklicherweise waren wir alt genug zu wissen, dass wir sie nicht probieren sollten.

MATERIAL

- Krepppapier, bunt (das einfache färbt oft mehr)
- Gläser
- Wasser
- Löffel
- Unterlage, wasserfest

TIPP

Wenn dein Krepppapier nicht genug Farbe abgibt, kannst du es auch mit Wasser- oder Aquarellfarben versuchen. Aber mit einfachem Krepppapier hat es bei uns immer am besten funktioniert! Bitte achte darauf, dass Kinder das Wasser nicht trinken, und beaufsichtigt sie beim Einfärben.

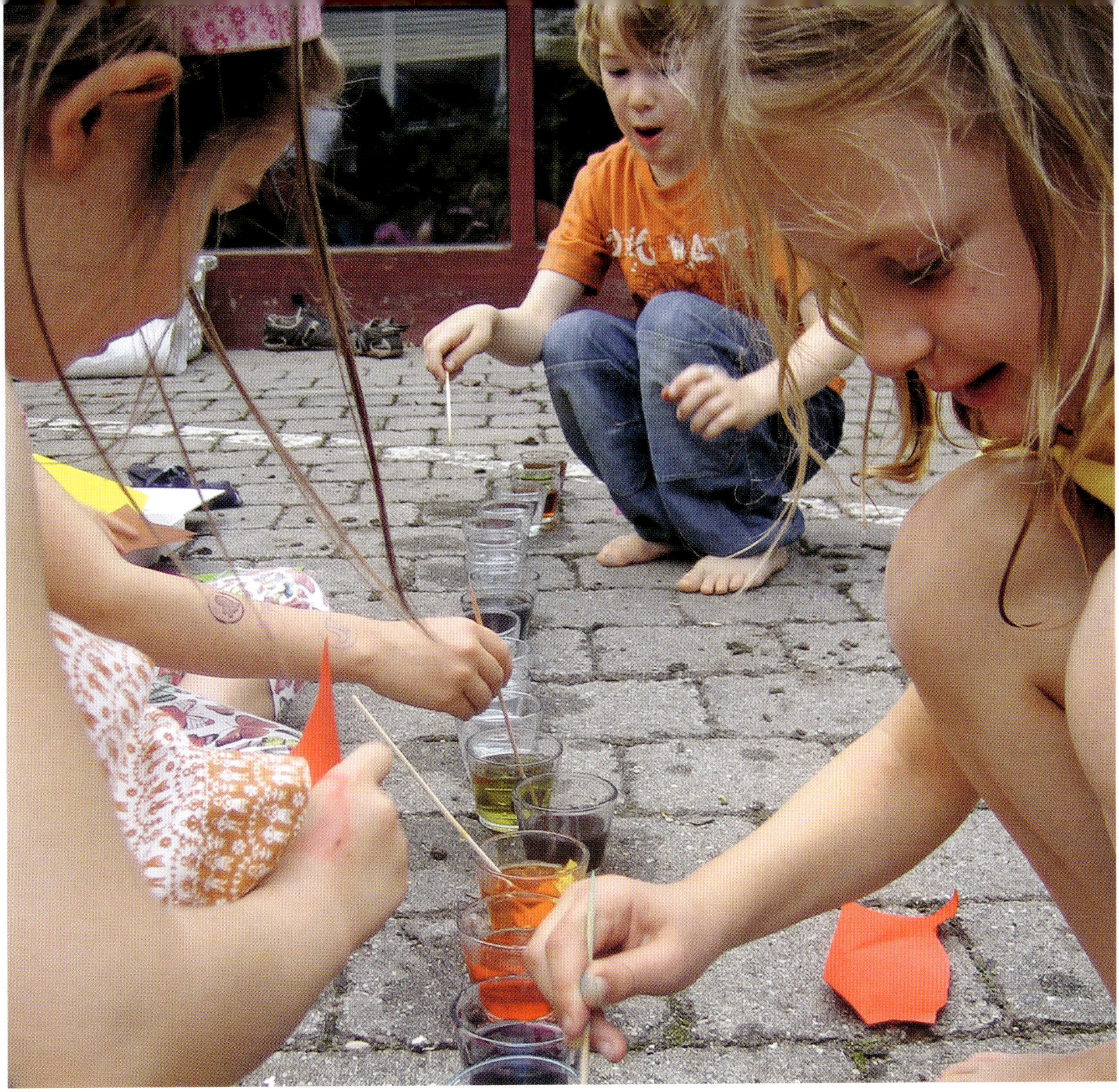

SO WIRD'S GEMACHT

1 Fülle deine Gläser mit Wasser. Es dürfen gerne doppelt so viele Gläser sein, wie Farben vom Krepppapier zur Verfügung stehen. Doch lasse einige Gläser leer, um sie später zum Mischen der Farben zu verwenden.

2 Reiße oder schneide kleine Stücke vom Krepppapier ab.

3 Lege die Farben einzeln in je ein Wasserglas.

4 Beobachte, wie sich die Farbe vom Krepppapier löst und sich im Wasser farbige Schlieren bilden. Das ist sehr schön anzusehen!

5 Ist das Wasser genügend verfärbt, kannst du mit dem Löffel nochmal umrühren und dann die Papierstücke entfernen.

6 Mische die bunten Wassermischungen untereinander und „erfinde“ neue Farben! Bilde Farbreihen! Was fällt dir sonst noch ein? In dein buntes Wasser kannst du später auch Blumen stellen!

MALEN MAL 10

„Malen mal 10" ist wie ein Mini-Messpainting! So nennt man das Malen von vielen Bildern hintereinander in kurzen Sequenzen nach freier Farbwahl. Es befreit den Geist und öffnet kreative Kanäle, es kann sehr ermunternd und enthemmend wirken und sogar dein Selbstbewusstsein fördern. Wenn dabei in Gedanken etwas Schwereres auftauchen sollte – spür in dich hinein, ob du wirklich Vitalisierung brauchst oder eigentlich noch etwas ganz anderes. Das freie Malen ist eines der kreativsten Medien, um mit dir selbst in Verbindung zu kommen und Gefühlen Ausdruck zu geben. Bewusst oder unbewusst.

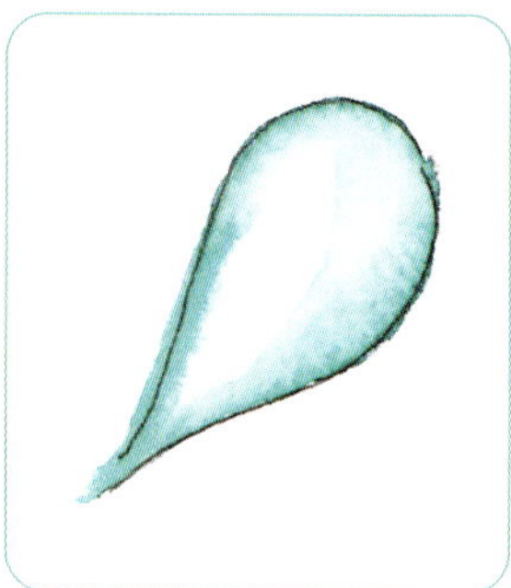

Ein mehrere Wochen dauerndes Messpainting habe ich gemacht, während mein Sohn an Leukämie erkrankt war – um mich abzulenken, und weil ich sowieso gerade eine kunsttherapeutische Fortbildung begonnen hatte. Die Bilder haben eine solche Kraft entwickelt, dass ich sie, obwohl ich das ursprünglich gar nicht vorhatte, später in der Kinderklinik ausgestellt habe. Fünf der etwa 400 Bilder begleiten uns noch immer täglich, ich habe sie eingerahmt.

MATERIAL

- Papier DIN A3, 10 Blätter
- Wachsmalstifte
- Unterlage
- Timer
- Bodenkissen

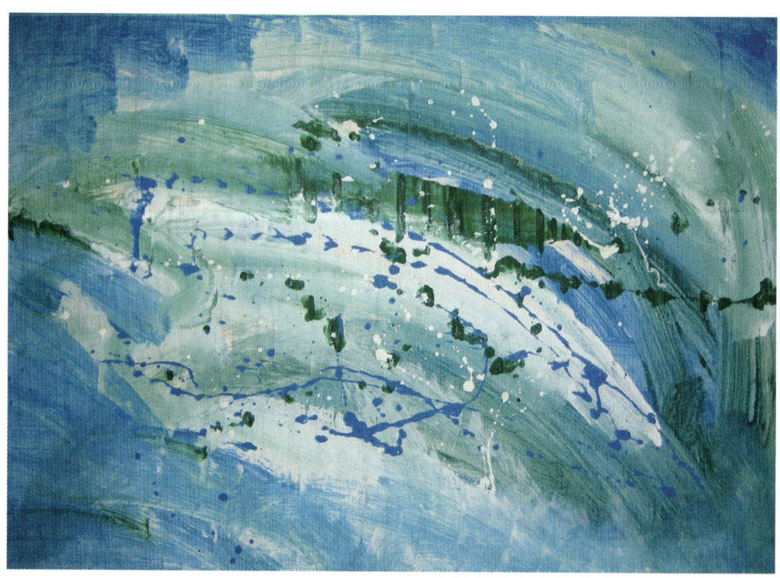

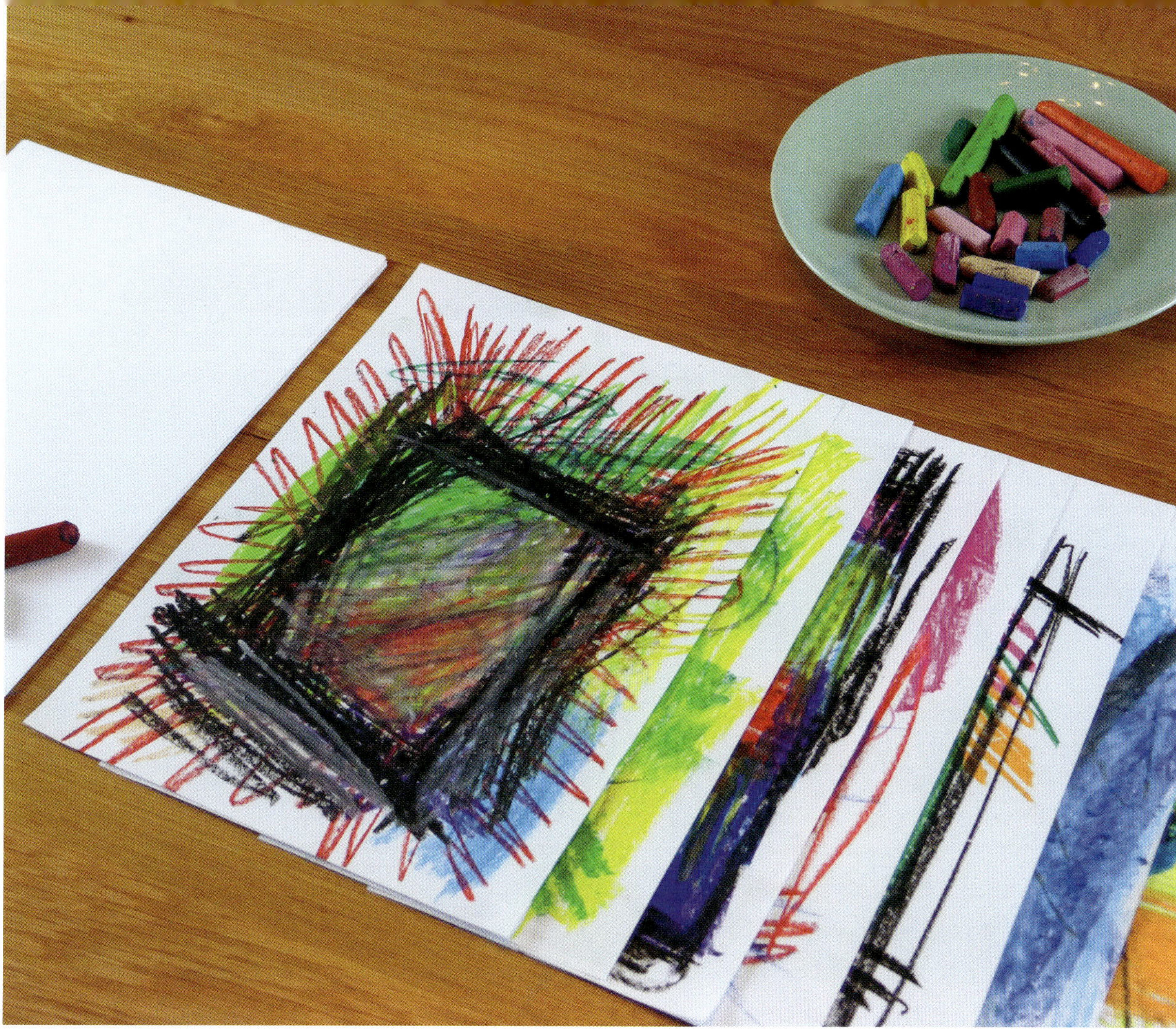

SO WIRD'S GEMACHT

1 Suche dir einen ruhigen Ort. Am besten du arbeitest auf dem Boden. Setze dich auf ein bequemes Kissen und lege die Papierbögen auf einem Stapel vor dich und die Wachsmalstifte bereit.

2 Stelle deinen Zeitmesser auf jeweils 2 Minuten ein.

3 Starte den Timer für die ersten 2 Minuten. Beginne mit dem ersten Bild: Verwende viele Farben und versuche dich von gestalterischen Prinzipien zu lösen. Male einfach drauflos, mit der Intensität, die dir guttut, mit den Farben, die dir guttun, setze ruhig deinen ganzen Körper beim Malen mit ein. Male, bis die Zeit abgelaufen ist.

4 Starte die Uhr erneut, ohne eine große Pause zu machen. Nun male das zweite Bild und danach das dritte, das vierte, das fünfte ... Begib dich in den Flow des Malens – ohne ein besonderes inhaltliches Ziel zu verfolgen. Lasse die Bilder einfach entstehen!

5 Beende deine Aktion nach 10 Bildern. Mache eine kurze Pause, trinke vielleicht ein Glas Wasser und dann schaue dir deine Bilder noch einmal an. Nimm sie an, ohne stark zu bewerten, und erfreue dich an Ihnen. Lasse sie wirken.

6 Wenn es dir Spaß gemacht hat, kannst du das „Malen mal 10" auch nach deinen Bedürfnissen verändern, etwa in „Malen mal 20" oder auch in deiner bevorzugten Farbmaterial- oder Papierwahl. Vielleicht machst du für einige Zeit ein kleines Ritual daraus und malst regelmäßig. Gehe dabei achtsam mit dir um und schaue auf deine Bedürfnisse.

TANZ MIT DEM WIND

Wer Kinder mit diesen zauberhaften Schirmen herumlaufen sieht, dem wird schnell klar, dass diese Schirme besondere Energieträger sind und richtig gute Laune machen. Man möchte sofort auch so einen Schirm in die Hand nehmen und sich damit im Wind drehen, nicht wahr? Warum nicht? Auf geht's! Viele, viele Schirme liegen in den Schubladen herum … Was meinst du, wovon die träumen?

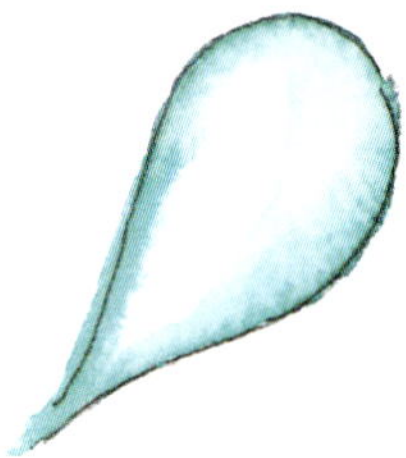

Ein wunderbarer Tag im Frühsommer, aber die Laune zu Hause war am Kippen. Der erlösende Anruf einer Freundin: Ob wir mitkommen mögen zum See, dort gäbe es eine Kinderaktion bei einem Museum?! Ja, schnell raus hier, ab ins Auto! Am See dann die Überraschung: Stoffe und Alltagsgegenstände luden dazu ein, eine neue Verwendung zu kreieren. So entstanden „Schirme im Wind", und wir fühlten uns alle gleich wunderbar leichter. Fast wären wir mit den Schirmen davongeflogen! Wer damals die Aktion gemacht hat, weiß ich leider nicht mehr, aber der Wind hat diese wundervolle Idee weitergetragen.

MATERIAL

- Regen- oder Sonnenschirm
- Stoffreste, bunt und transparent
- Tacker / Nadel und Faden
- Schere

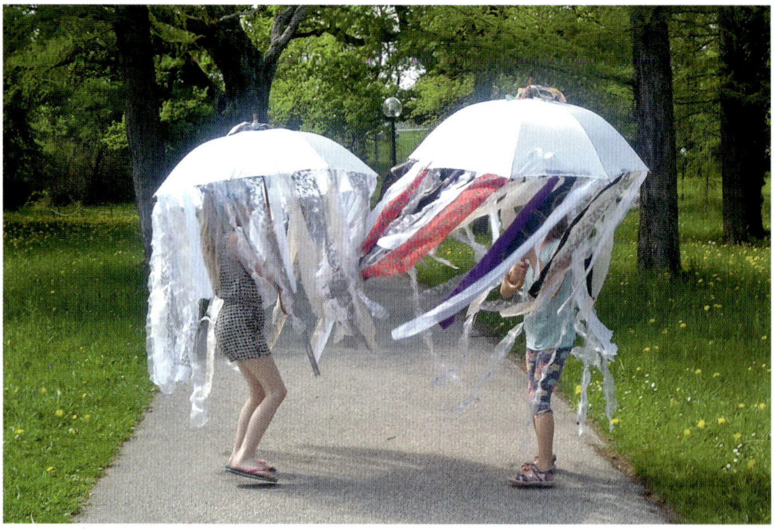

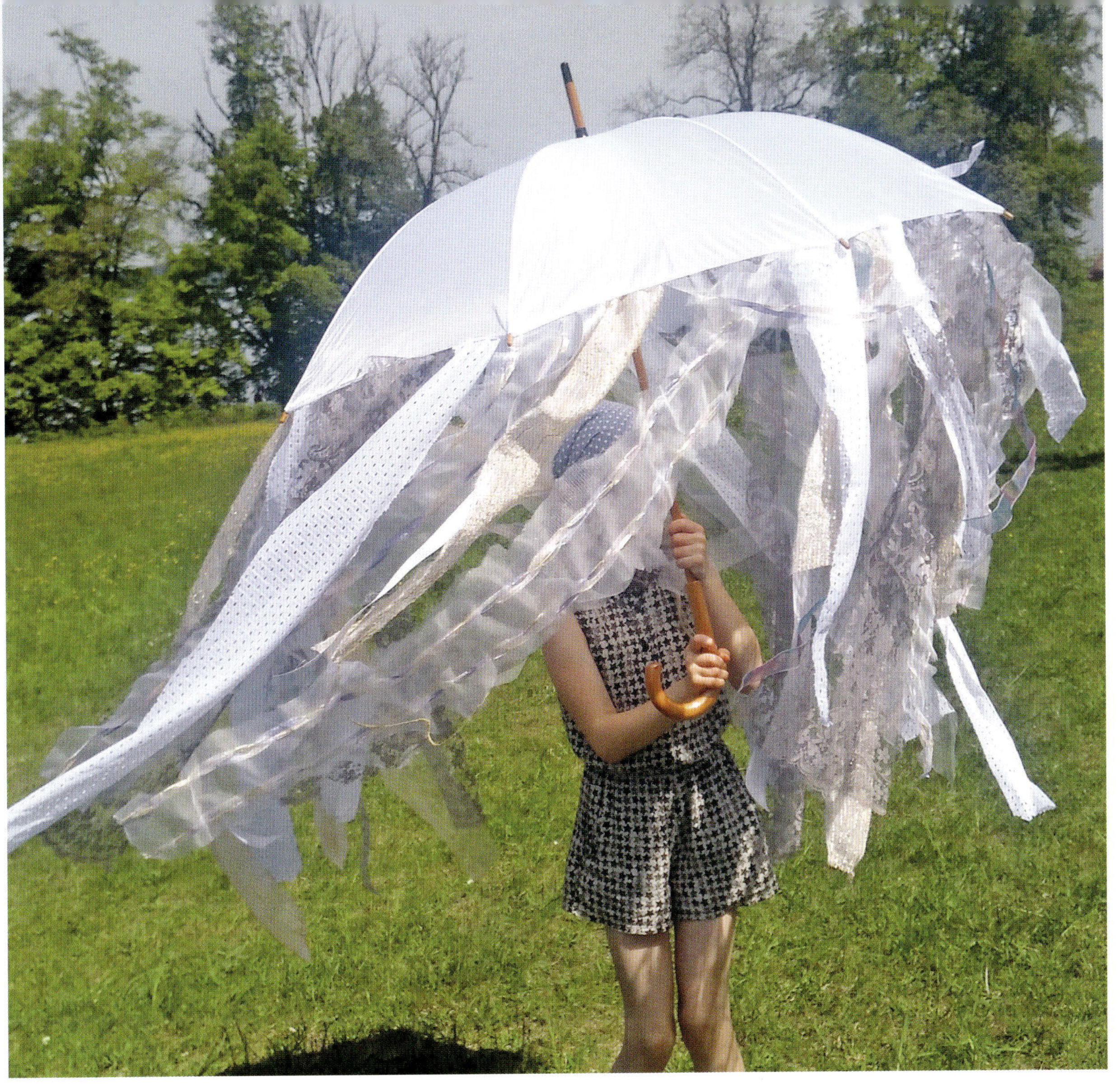

SO WIRD'S GEMACHT

1 Stelle eine schöne Stoffauswahl zusammen. Es sollten auch transparente Stoffe dabei sein wie Tüll oder Gardinenstoff. Wenn du nicht genug hast, frage bei deiner Oma oder der Nachbarin nach.

2 Schneide aus den Stoffen etwa 25–30 etwa 1–2 Meter lange und 3–10 Zentimeter breite Streifen. Die Breite und Länge darf variieren und es muss auch nicht perfekt geschnitten sein!

3 Spanne den Schirm auf. Tackere die Streifen entlang des Schirmrandes fest, bis der Rand komplett befüllt ist. Alternativ kannst du die Streifen auch festnähen.

4 Halte den Schirm in die Höhe und passe die Längen der Stoffstreifen auf Wunsch noch einmal an. Schön sind sie, wenn sie etwas ungleichmäßig lang sind, aber beim Drehen des Schirmes nicht auf dem Boden schleifen.

5 Los gehts! Auf in den Wind!

SPRÜH DICH FRISCH!

Ein Spray zur Erfrischung – das ist fast so gut wie ein Eis am Stiel, oder? An heißen Tagen sehnt sich unser Körper nach Abkühlung, und wenn wir müde sind, kann ein erfrischendes Spray Wunder wirken! Erfrischungssprays kann man ganz einfach selber herstellen.

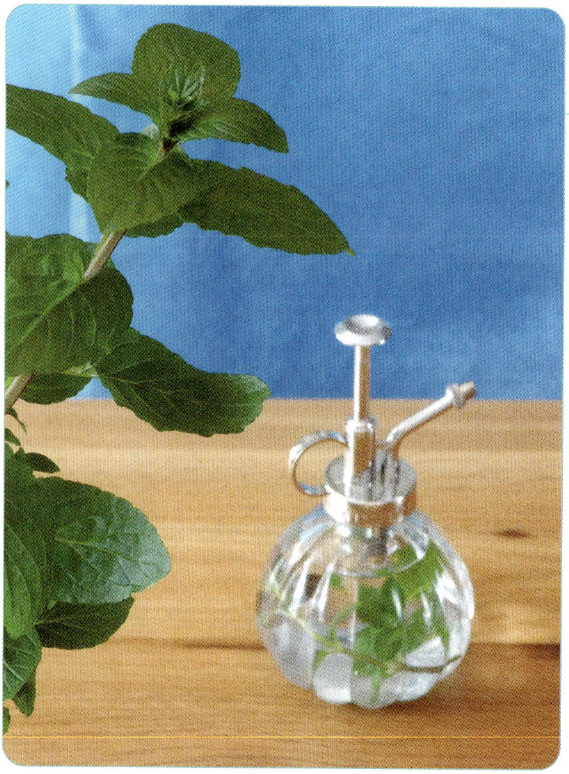

Effektive Duftsprays zum Erfrischen lieben bei uns alle – außer unsere Katzen! Nicht mal mit Katzenminze ...

MATERIAL

- Zerstäuberflasche
- Wasser
- frische Minze, alternativ ätherisches Öl, z.B. Pfefferminze oder Orange
- Isopropyl-Alkohol

SO WIRD'S GEMACHT

1 Befülle die Zerstäuberflasche mit Wasser.

2 Nun füge einige Stängel frische Minze hinzu. Du kannst aber auch alternativ einige (wenige!) Tropfen ätherisches Öl verwenden.

3 Schüttel deine Flasche und lasse sie etwas ruhen und kühlen.

4 Nutze das Spray zur Kühlung und Erfrischung!

5 Vielleicht hast du Lust, deinen Lieblingsduft zu entwickeln. Um ein Duftspray haltbar zu machen, musst du die Stängel entfernen und einige Tropfen Alkohol nach einiger Zeit hinzufügen. Damit deine Flasche nicht verkalkt, kannst du auch destilliertes Wasser verwenden.

BLUBBERPARTY

Eine tolle Variante, etwas Erfrischung in dein Leben zu bringen, ist die einer spontanen Cocktailparty! Wenn du dich in deinem Haushalt umschaust, findest du sicher einiges, was sich zusammenmixen lässt! Und wenn nicht – ab in den Supermarkt! Das Blubbern regt den Atem an, das Schlürfen löscht den Durst und perfekt wird es, wenn du dir zur Party noch ein paar Freunde einlädst! Natürlich alkoholfrei :-)

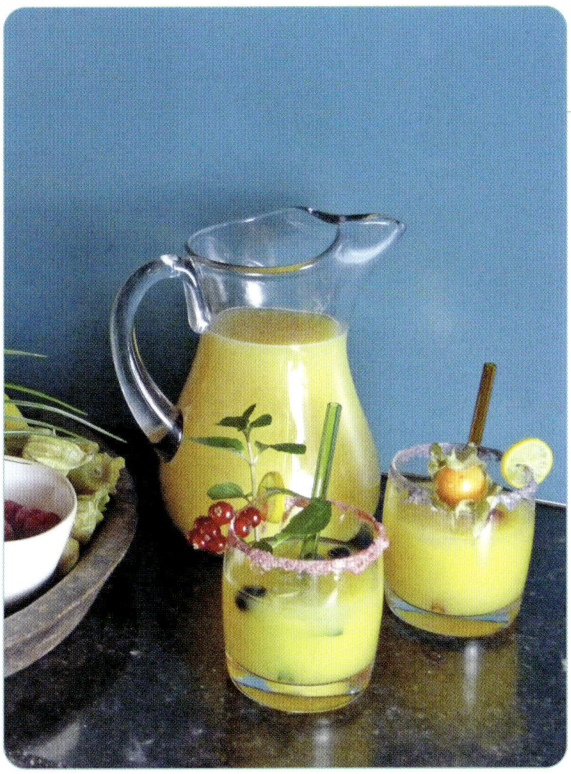

Unsere Tochter hat eine besondere Mischung kreiert: 170 ml Maracujasaft, je 10 ml Mango- und Grapefruitsaft und einen Schuss Erdbeersirup!

ZUTATEN

- Säfte deiner Wahl
- Shaker, wenn vorhanden
- Zucker oder bunte Streusel
- Crushed Ice
- Strohhalm
- großes Glas
- Früchte zum Dekorieren

SO WIRD'S GEMACHT

1 Fülle die Säfte in deiner gewünschten Kombi in den Shaker und mische sie. Wenn du keinen Shaker hast, kannst du sie auch einfach verrühren.

2 Mit Zuckerrand am Glas zauberst du noch mehr Partystimmung. Dafür den Rand des Glases vor dem Befüllen kurz in Saft und dann in den Zucker oder in bunte Zuckerstreusel tauchen!

3 Fülle die Saftmischung in ein Glas und gib zerstoßene Eiswürfel (Crushed Ice) dazu.

4 Hinein mit dem Strohhalm – blubbern – und genießen!

5 Und nun gibt es vielleicht noch einen Drink mit einer neuen Mischung?

STÄRKENDE WORTE ZUR VITALISIERUNG

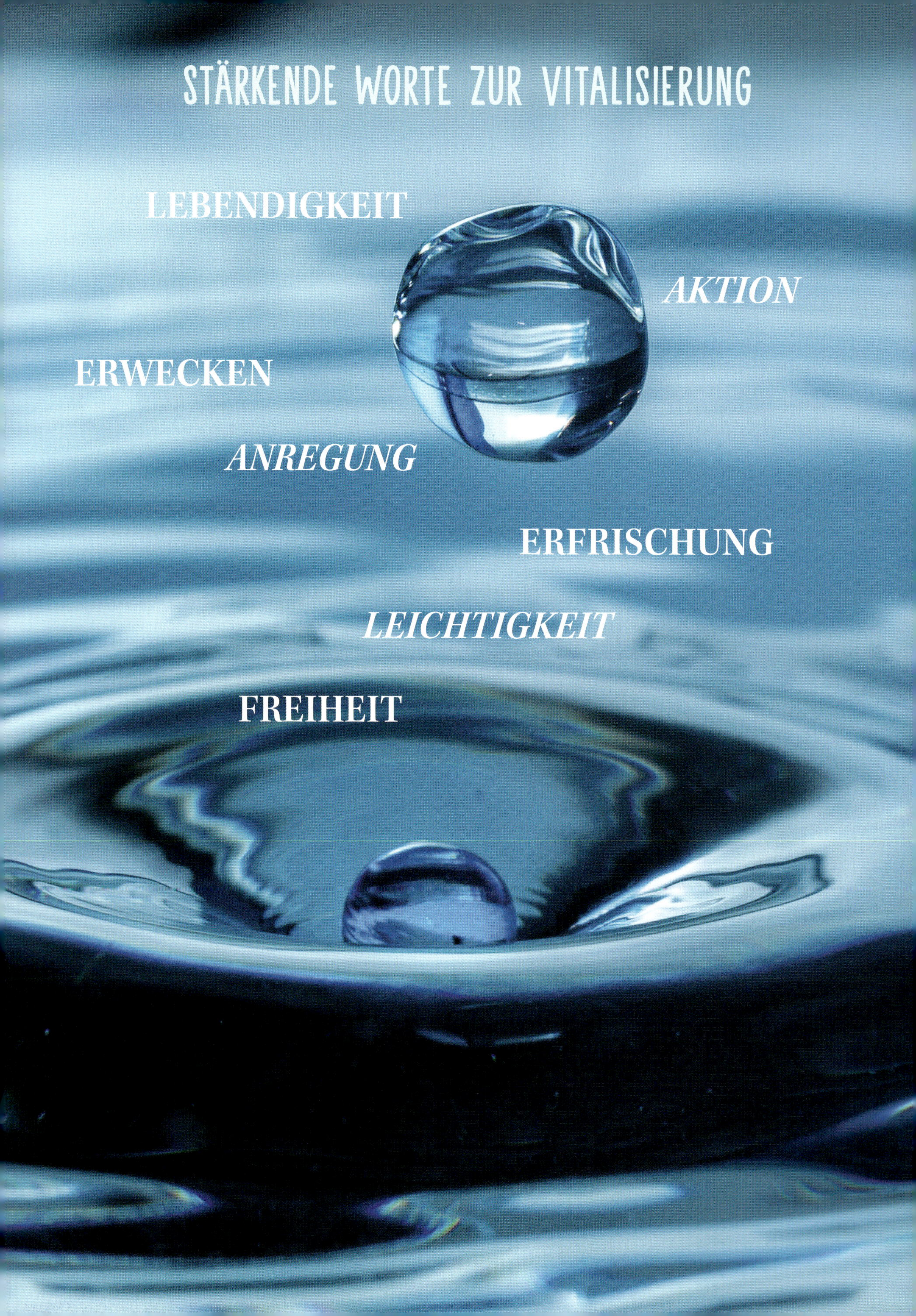

DAS KÖNNEN WIR NOCH TUN

Seifenblasen pusten

im Planschbecken planschen

Wasserpistole spritzen

Drachen steigen lassen

Rollschuh fahren

zum Baden gehen

einen Spaziergang im Regen machen

durch Pfützen springen

eine Schneeballschlacht machen

den Kopf mit kaltem Wasser waschen

Ernst
Vorbehalt
Schwere
Langeweile
Gleichmut
Verbitterung
Unlust
Spießigkeit

„Ich will Spaß!“

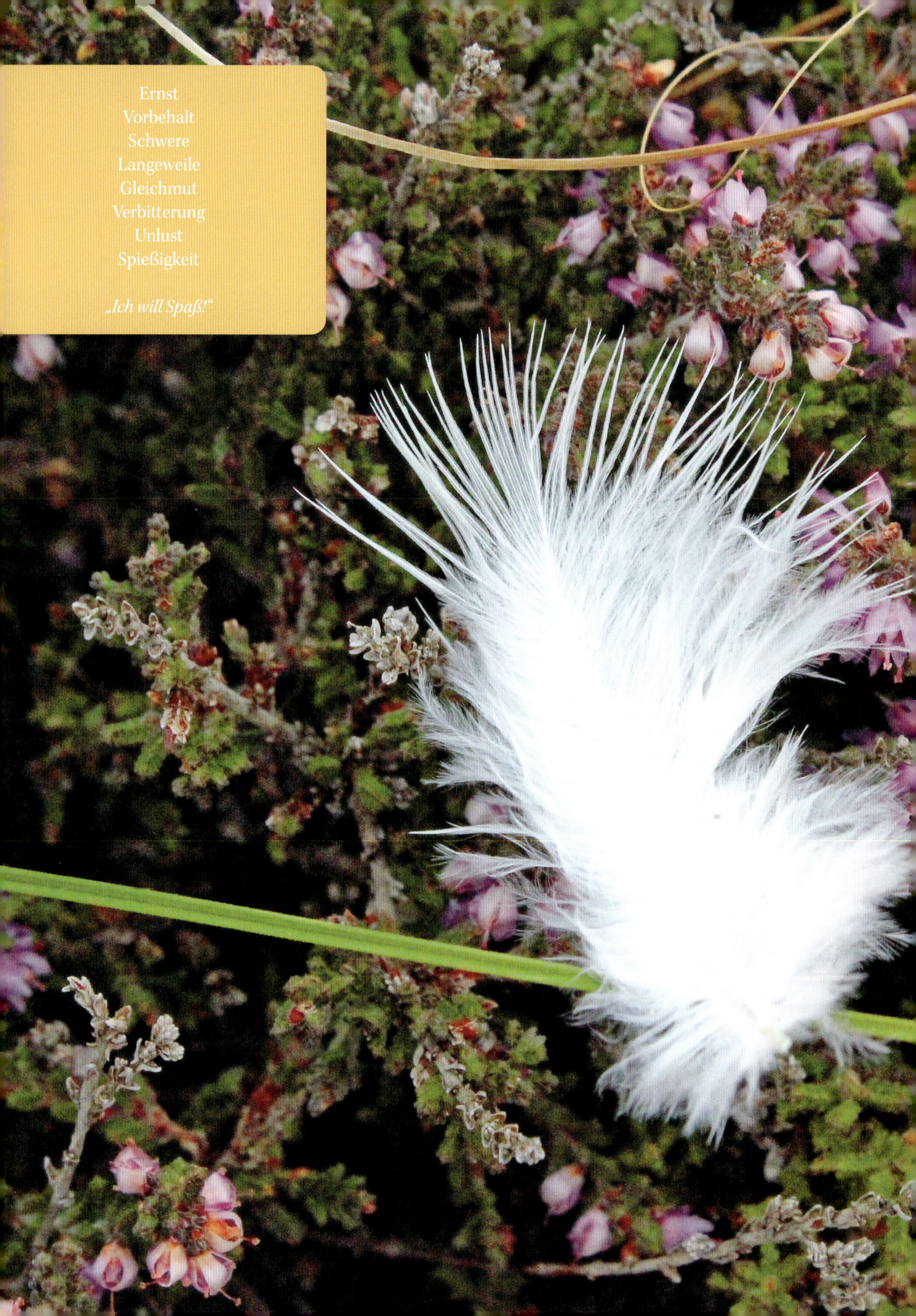

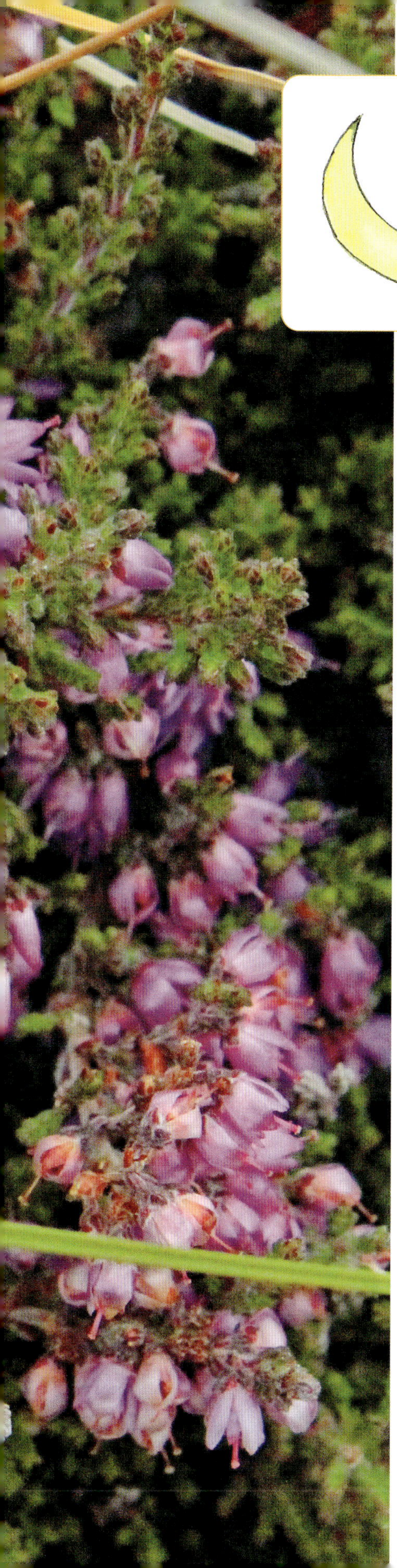

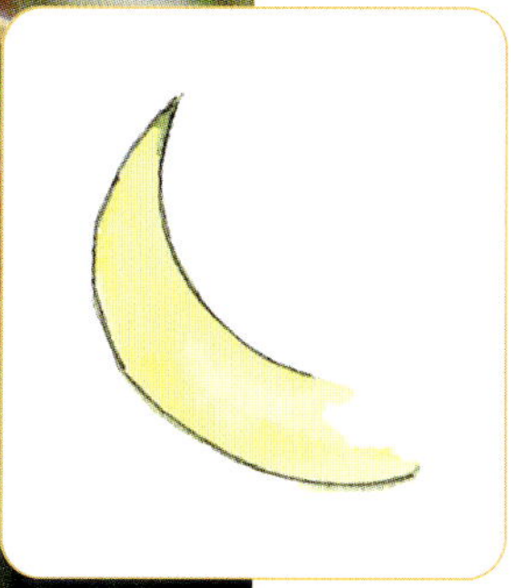

ERHEITERUNG

Eine der schönsten Energien, die wir Menschen besitzen, ist die Heiterkeit. In Zeiten des Ernstes und der Verbitterung hilft sie uns, wieder in die Fröhlichkeit und Gelassenheit zu finden. Von hier nach dort ist es ein langer Weg, aber heitere Momente mögen uns wundersame positive Begleiter sein. Selbst aus dunkelsten Zeiten kennt die Geschichte humorvolle Anekdoten, die zum Teil sogar Leben gerettet haben. Kritische, zu ernsthafte Menschen können wir manchmal mit Humor „knacken", können ihnen ihre strenge Art bewusst machen und Ansichtsweisen spiegeln.
Zur Heiterkeit gehört das Lachen, die Leichtigkeit, das Spiel, der Spaß, die Fantasie und die Lust. Mit Lust wollen wir uns in das nächste Kapitel stürzen! Wenn der Ernst tiefer sitzt, macht es Sinn, noch einmal in die vorhergegangenen Kapitel einzutauchen.
Die Materialien für dieses Kapitel sind wie im vorherigen Kapitel sehr bunt und unterschiedlich. Für die Heiterkeit an sich braucht es nur ein Gegenüber – und wenn es das eigene Spiegelbild ist!
Wie sagt man? Wer schön sein will, muss lachen!

HELFENDES MATERIAL

Bunte Perlen und Stifte, Witze, interessantes Natur- und Bastelmaterial

GESICHTER IM GRAS

Eine schöne Möglichkeit, Fröhlichkeit in die Runde zu bringen, ist das Gesichter-Legen. Z.B. auf einem Familienspaziergang, wenn die Luft raus ist und die Energie fehlt! Aber auch in Innenräumen kann ein kleiner Smiley aus Büroklammern und Reißzwecken, besser noch aus Gummibärchen, Wunder wirken! Das Gesichter-Legen hat dazu erdende Wirkung und verbindende. Es macht nicht nur Kindern großen Spaß!

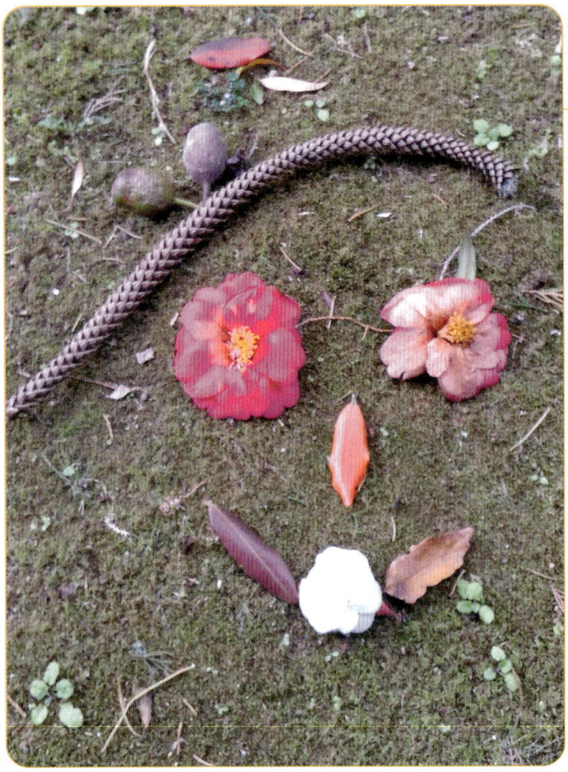

Gesichter im Gras lege ich besonders gerne, wenn ich in einem Park spazieren gehe, in dem ungewöhnliche Pflanzen wachsen, die herumliegenden Blätter inspirieren mich hier am meisten. Manchmal fotografiere ich aber auch die natürlichen Gesichtsprofile, die einige Bäume auf ihrer Rinde entstehen lassen oder Gesichter, die in den Baumwurzeln zu entdecken sind!

MATERIAL

- Naturmaterial oder gesammelte Alltagskleinigkeiten

SO WIRD'S GEMACHT

1 Sammle herumliegendes Material in der Natur, in der du dich befindest.
Das können Blätter, Stöcke, Steine, Muscheln oder anderes sein. Geh dabei achtsam vor. Wenn du zu Hause bist, suche dir einfach ein paar kleine Alltagsgegenstände zusammen.
2 Nun versuche, aus dem gefundenen Material Gesichter zu legen. Lasse dich selbst dabei überraschen, wie sich deine Smileys entwickeln!
3 Wenn du gemeinsam mit anderen Gesichter legst, finden sich vielleicht ganze Familien in den Gesichtern?
4 Mache ein Bild von den Gesichtern, wenn du magst! So hast du sie immer bei dir!
5 Wenn du draußen Gesichter gelegt hast: Lasse sie doch liegen, bestimmt erfreut und inspiriert es auch den nächsten, der des Weges kommt!

LUSTIG AUFS BROT

Eine tolle, ermunternde Bastelarbeit sind diese kleinen, lustigen Brotsticks für Kinder ab 5 Jahren. Es macht großen Spaß, sie zu fertigen, und sie bringen Fröhlichkeit auf jeden Abendbrottisch! Einige von ihnen sind vielleicht richtige Charakterköpfe und begleiten dich für längere Zeit!

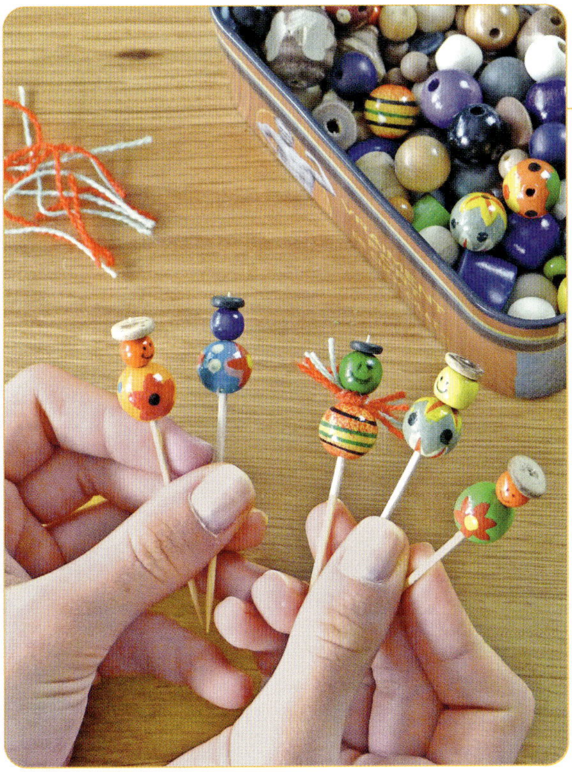

Schon meine Mutter hat mir kleine Sticks gebastelt. Sie hatten ihren Platz in unserer Küchenschublade und ich musste hin und wieder einfach reinschauen, um mich zu vergewissern, dass es ihnen gut geht!

MATERIAL

- Zahnstocher
- Perlen unterschiedlicher Größe mit passendem Loch in der Dicke der Zahnstocher
- Garnreste
- wasserfeste Stifte, schwarz, rot und blau
- starker Bastelkleber

SO WIRD'S GEMACHT

1 Benetze das obere Viertel des Zahnstochers mit Kleber und lasse ihn etwas antrocknen.

2 Suche dir je eine passende Perle für Bauch und Kopf aus.

3 Stecke die Perlen in gewünschter Reihenfolge auf den Zahnstocher

4 Lasse alles gut trocknen.

5 Male ein Gesicht auf die obere Perle. Vielleicht bekommt das kleine Wesen auch noch einen Hut oder Schal aus Wollresten?

6 Spüle den unteren Teil des Zahnstochers nach Gebrauch als Brotstick möglichst bald wieder ab und lasse ihn durchtrocknen oder öle ihn etwas ein. Es ist dann kein Problem, ihn mehrmals zu verwenden, man sollte nur nicht auf ihm herumkauen.

Gib gut acht mit Kindern und verwende die Sticks nur unter Aufsicht. Erkläre den Kindern, dass sie nicht in den Mund gehören.

FANTASIA DER GUTEN ENERGIE

Wer Heiterkeit sucht, der sollte malen! Bunte Farben haben per se eine positive Energie und können Wunder wirken, was Stimmungen betrifft. Wenn man beim Malen dazu auch noch viel Platz hat und sich körperlich frei bewegen kann, schafft das ideale Bedingungen für positive Aktivierung. Mit dem Malen einer Fantasia-Landschaft können wir gute Laune fördern, die Fantasie anregen und auch: Träume aufs Papier bringen! Wir sollten versuchen, mit positiver Energie in diese Übung zu gehen, und unsere ganze Lust und Aufmerksamkeit darauf lenken. Ein „Fantasia der guten Energie" ist wunderbar geeignet für Kinder, denen man bei der kreativen Arbeit nicht zu viele Grenzen setzen sollte.

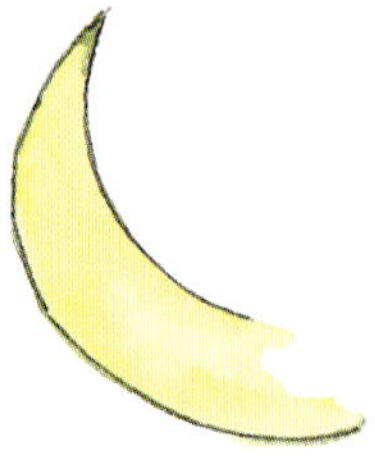

Einmal haben wir in einer meiner Kindergruppen ein riesiges Fantasiaschloss gemalt, in dem jedes Kind seine Rolle gefunden hat. Wichtig war in diesem Schloss ein gemalter gefüllter Eimer, der mit einem komplizierten Hebelsystem über dem Eingangsportal platziert war und so unerwünschte Gäste fernhielt ...

MATERIAL

- Packpapier, Papiertischdecke oder große Papierbögen, 4 m² oder größer
- Malerkrepp
- Wachsmalstifte, bunt, gerne auch in Neonfarben oder mit Glitzer versetzt
- alte Zeitschriften
- Kleber
- Schere

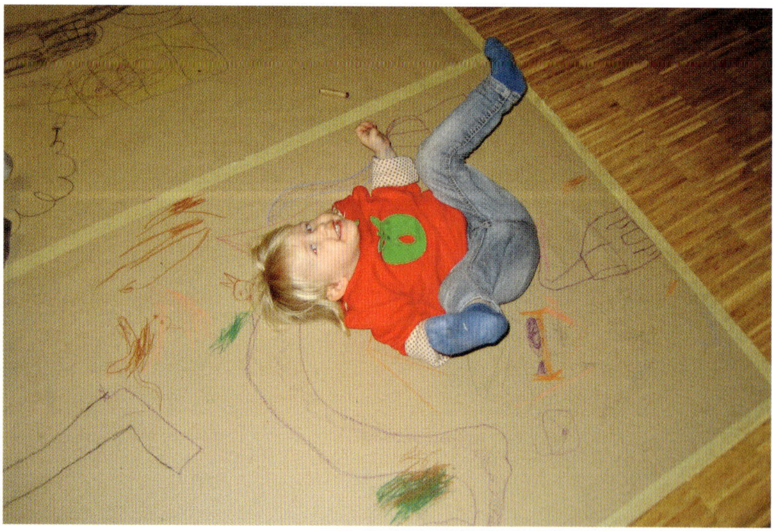

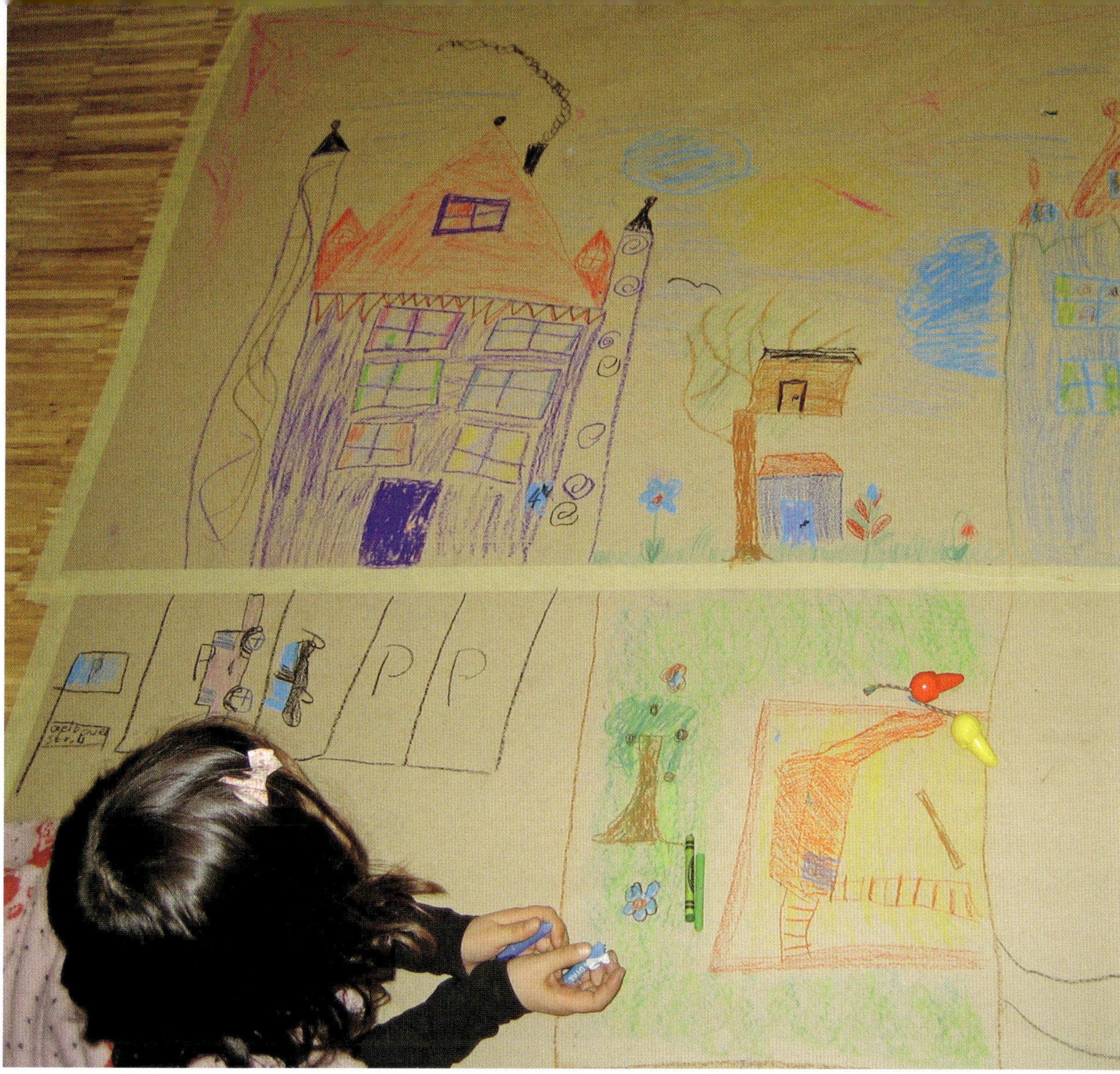

SO WIRD'S GEMACHT

1 Klebe dein Papier mit Malerkrepp am Boden in mehreren zusammenhängenden Bahnen auf, sodass eine Fläche entsteht. Je größer diese ist, umso besser. Fixiere sie durchgehend rundherum mit Malerkrepp.

2 Definiere an einer Stelle auf dem leeren Papier den Beginn des Bildes. Wenn du alleine malst, fange einfach an und lasse dein Thema beim Malen entstehen. Wenn ihr eine Gruppe seid, überlegt gemeinsam, wo ihr seid. In einem Schloss? In einem Wald? An einem Meer, auf einer Inselwelt? Sobald ihr eine Anfangsidee habt, beginnt zu malen!

3 Im Laufe der Zeit wird eine Landschaft entstehen. Fülle sie mit Leben!

4 Auch Zeitschriften kannst du integrieren: Finde lustige Überschriften oder Bilder, die in die Landschaft passen! Schneide sie aus und klebe sie auf!

5 Ist das Fantasia entstanden, kannst du noch eine gedankliche Reise durch dieses Land machen. Vielleicht findest du einen Lieblingsplatz. Wenn du in einer Gruppe arbeitest, könnt ihr diese Reise auch gemeinsam machen und eine Geschichte dazu erfinden!

6 Lasse das Fantasia noch einige Zeit sichtbar, wenn möglich. Vielleicht magst du es sogar aufhängen?

WITZEMASCHINE

Was ist eine Witzemaschine? Klar, eine Maschine, die laufend Witze produziert! Wie das funktionieren kann, das ist Aufgabe dieser Aktion! Es gibt kein Patentrezept! Ihr seid die Macherinnen und Macher, und eine Witzemaschine bastelt man zwar am besten gemeinsam, aber auch alleine funktionierts. Das Ganze ist auch als Eltern-Kind-Aktion geeignet!

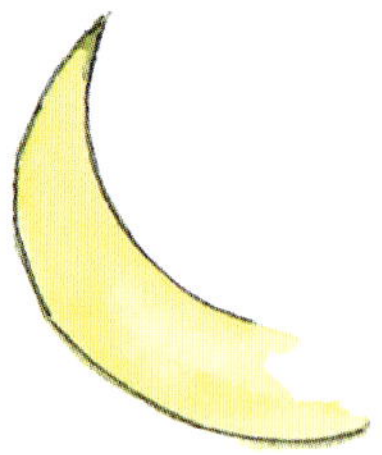

Meine Tochter hatte in der Grundschule einen Lehrer, der sehr aufgeschlossen gegenüber neuen Ideen war. Ich hatte von einer etwas anderen Witze-Aktion im Radio gehört und darauf dem Lehrer meine Variante vorgeschlagen. So haben wir beim Weihnachtsbasar in einem Jahr keine üblichen Weihnachtsbasteleien verkauft, sondern: Witze! Die Kinder haben ohne Unterlass Witze geschrieben und für diese Witze Maschinen in Weihnachtsverkleidung gebastelt. Nur gegen eine Spende durfte ein Witz aus der Maschine gekurbelt, gedrückt, ... oder herausgenommen werden. Auf diese Weise ist viel Geld für eine gute Aktion zusammengekommen – und viele Menschen sind belustigt, mit einem „Witz auf Tasche“, nach Hause gegangen!

MATERIAL

nach Bedarf:

- Umverpackungen, Kartons, Papiere ...
- Holz- oder Metallreste, Rohre ...
- Lichterketten
- Farben
- Stifte
- Kleber
- Schere
- Werkzeug nach Bedarf
- Witze

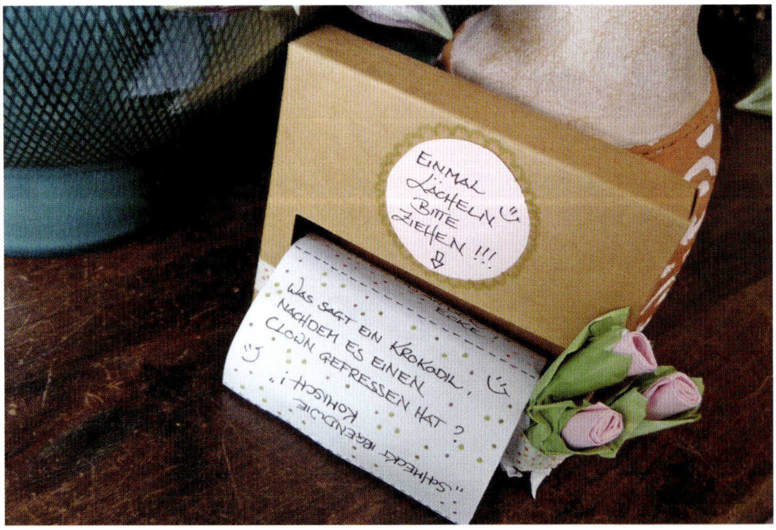

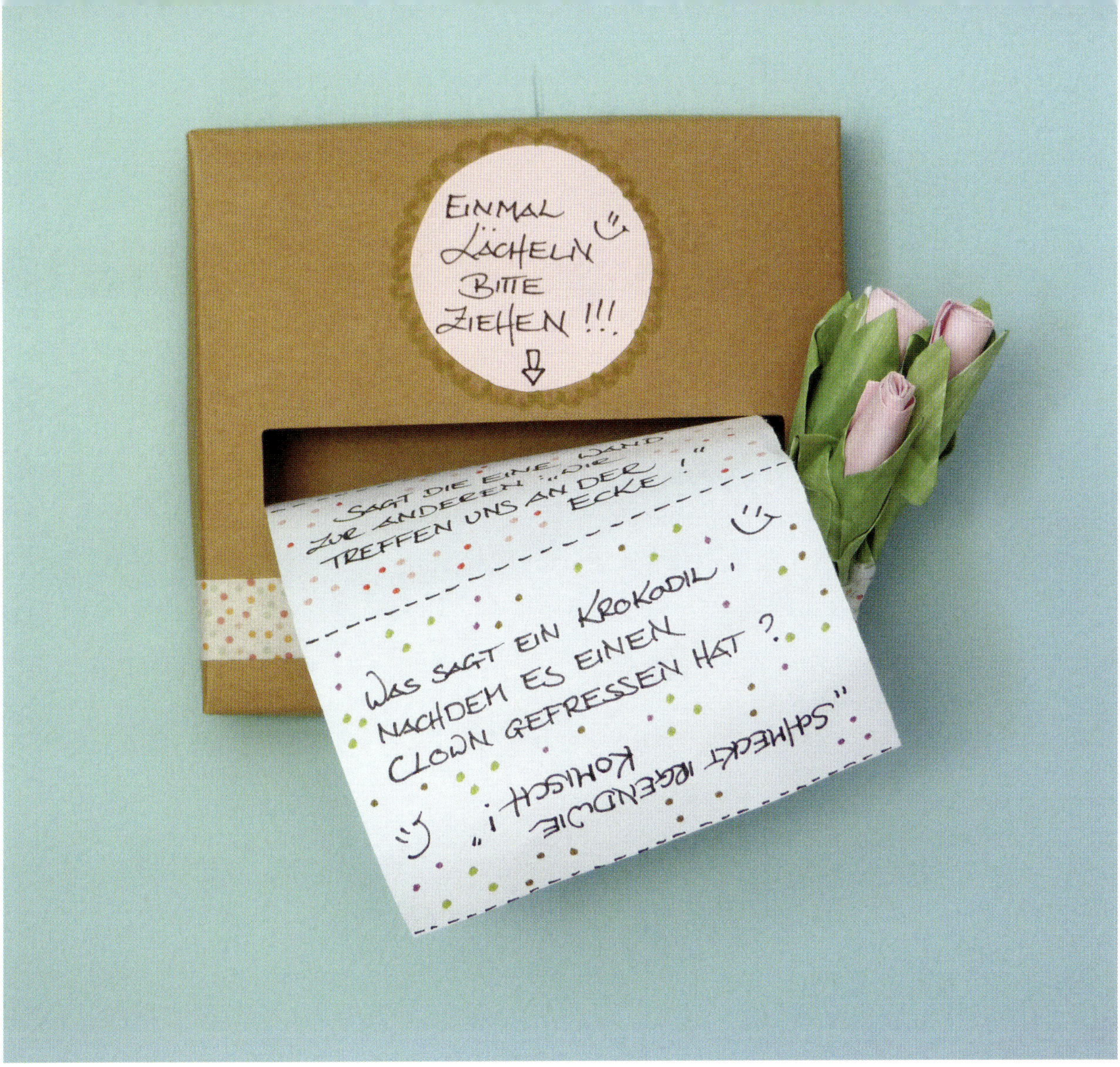

SO WIRD’S GEMACHT

1 Überlege, wie deine Witzemaschine aussehen soll. Das funktioniert am besten, wenn du im Haushalt einmal nachschaust, welches Material zur Verfügung steht. Skizziere deine Idee eventuell.

2 Bastelphase! Wenn du in einer Gruppe arbeitest, inspiriert euch gegenseitig und lasst eure Witzemaschine wachsen! Der Fantasie sind keine Grenzen gesetzt!

3 Schreibe Witze, Scherzfragen, lustige Sprüche oder Lebensweisheiten auf kleine Zettel und füttere die Maschine mit Ihnen!

4 Überlege eine schöne Aktion, bei der die Maschine präsentiert werden kann.

5 Mache andere Menschen glücklich und belustige sie, indem sie Witze aus deiner Maschine entnehmen und vorlesen dürfen! Du kannst auch Spenden für einen guten Zweck mit ihr sammeln.

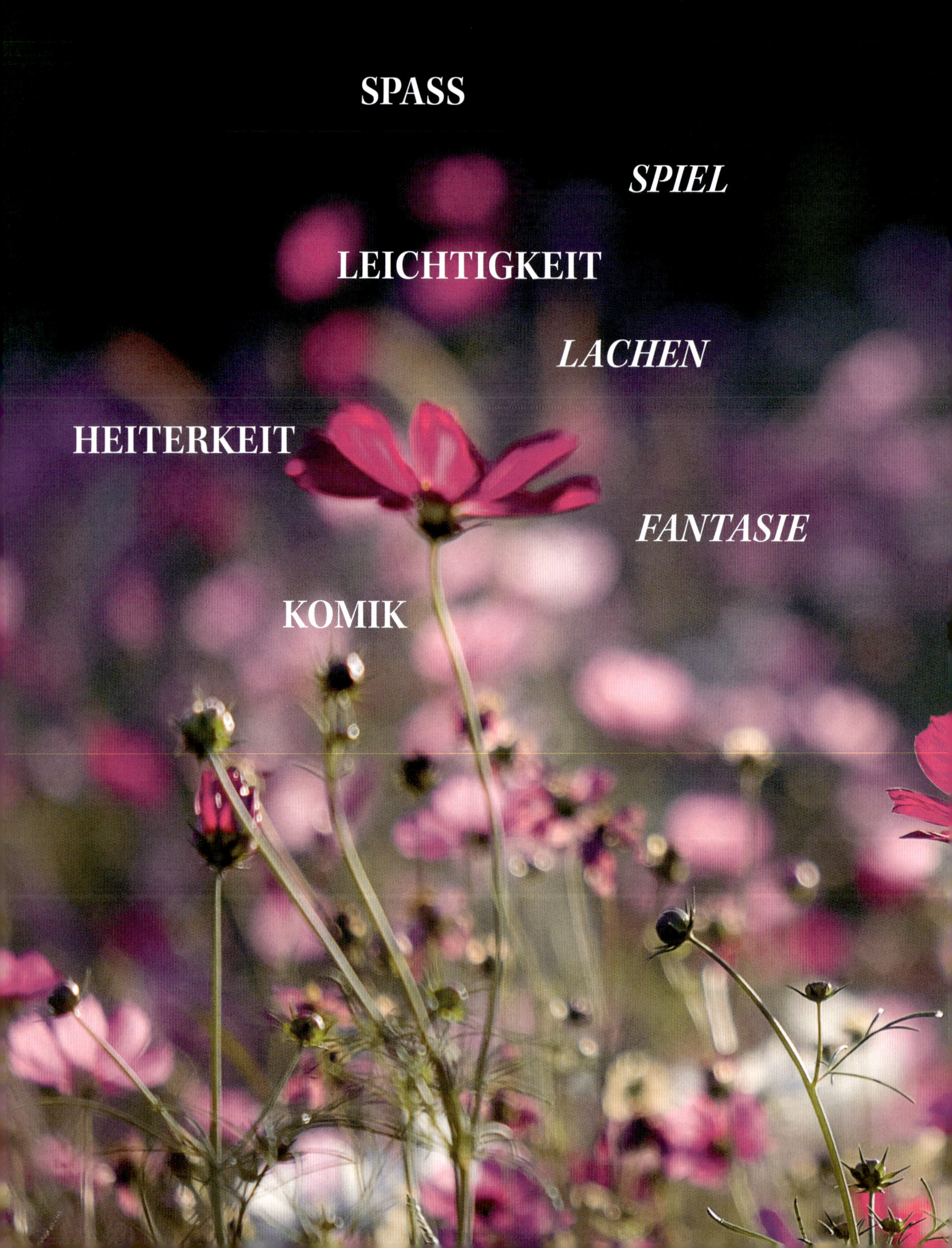
SPASS
SPIEL
LEICHTIGKEIT
LACHEN
HEITERKEIT
FANTASIE
KOMIK

DAS KÖNNEN WIR NOCH TUN

Popcorn machen

uns Witze erzählen

Gesellschaftsspiele spielen

eine Verkleidungsparty machen

Gesichterbrote schmieren

einen Clown einladen

mit einem Vogel leben

bunte Knetfiguren machen

Konfetti basteln

Grimassen ziehen

einen netten Spruch auf den Rücken kleben

die Fensterscheiben mit lustigen Motiven bemalen

Einsamkeit
Streit
Unverbundenheit
Unverständnis
Auflösung
Gefühllosigkeit
Verlassenheit

„Gemeinsam bin ich weniger Allein!“

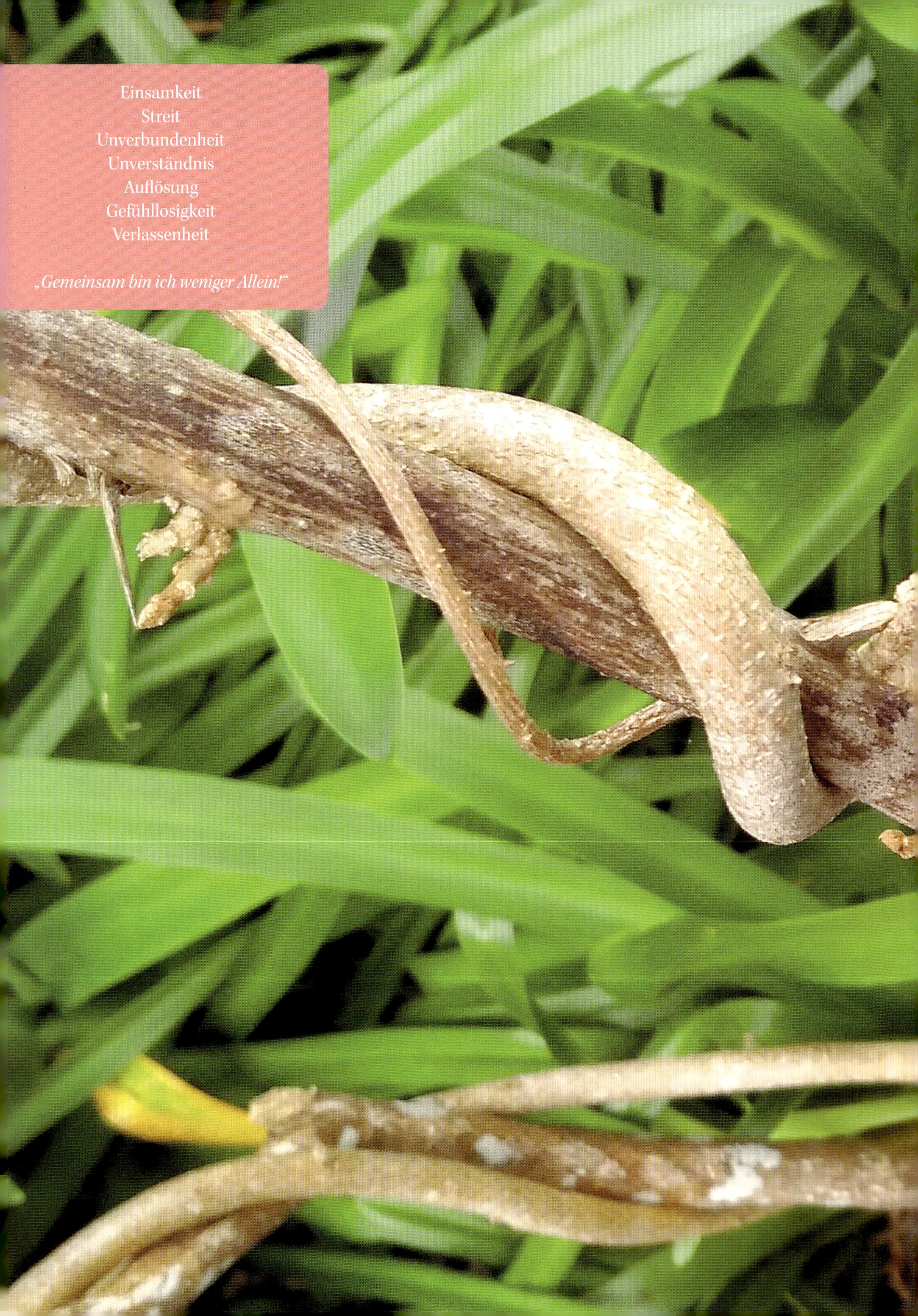

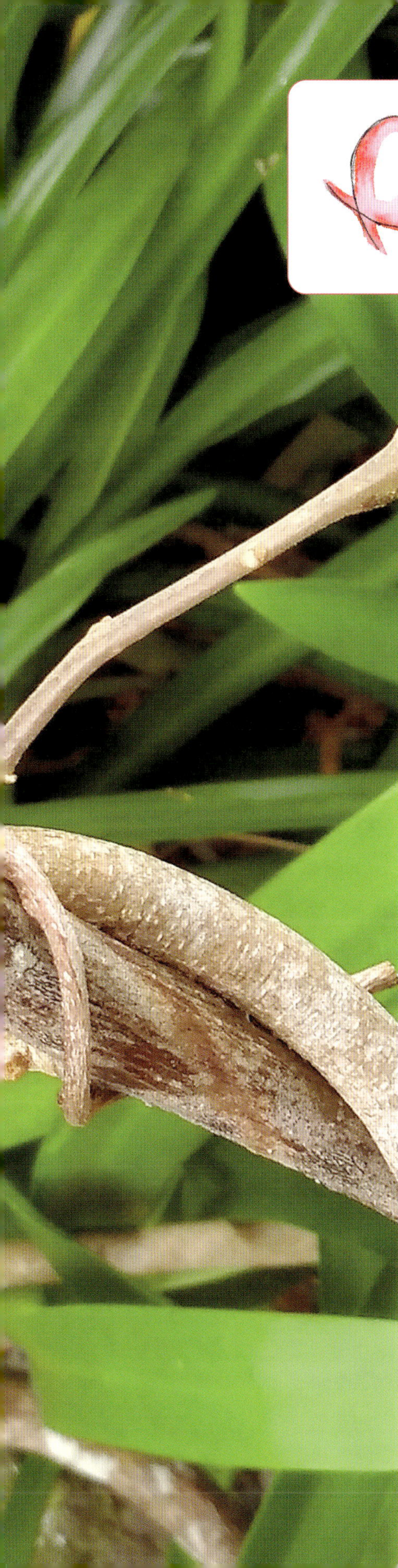

VERBINDUNG

„Du bist nicht allein!“ ist ein existenzieller Satz, den wir uns immer wieder sagen müssen, der uns hilft! In Verbindung mit der Natur dürfen wir sein, in Verbindung mit anderen spüren wir noch mehr von dem, was uns ausmacht.
Die Liebe.
Dennoch erlebt wohl jeder im Laufe seines Lebens auch Momente der Auflösung, der Einsamkeit, fühlt sich gefühllos oder unverbunden mit dem, was uns umgibt. Gesteigert werden diese Zustände gerne durch oft nicht vermeidbare Faktoren wie den Schulabschluss, Trennung, Umzug oder Ähnliches.
In Umbruchphasen wie diesen – oder auch einfach, um die Verbundenheit wieder besser zu spüren – helfen Projekte der Verbindung. Sie sind natürlich am besten gemeinsam zu erleben, aber man kann sie teilweise sogar alleine machen, um sich seiner Verbindungen bewusster zu werden.
Nicht umsonst haben sich in unserer Kultur Feste entwickelt, Traditionen, Rituale. Sie fördern das Miteinander und stärken unseren Zusammenhalt.
Die Projekte in diesem Kapitel gestaltet man am besten gemeinsam. Und danach gibts eine Umarmung!

HELFENDES MATERIAL

Wolle, Bänder, gute Worte, Stifte, Blumen und anderes Naturmaterial

KRANZ IN BUNT

Der Kranz hat bei uns eine lange Tradition. Wir kennen in erster Linie den Adventskranz, der in Kirchengemeinschaften auch manchmal noch gemeinsam gebunden wird. Leider werden die Kränze aber inzwischen meistens käuflich erworben, sodass das Binden und oft sogar das Schmücken gänzlich entfällt. Dabei ist das Kränzebinden eine wunderbare Tätigkeit, die durch die Begrünung des Kreiselementes mit wiederholenden Bewegungen sehr erdend auf uns wirkt. Das Binden in Gemeinschaft setzt zudem eine schöne verbindende Kraft frei: Mit denen, die uns umgeben – und mit der Zeit an sich!

Ich versuche jedes Jahr im Herbst, abgeschnittenes Gartenmaterial zu einem Kranz zu binden. Der letzte hatte ein großes Friedenssymbol eingearbeitet.

MATERIAL

- zu einem Kreis gebundene Zweige oder Kranzrohling aus Stroh
- Naturmaterial zum Dekorieren: Zweige, Blumen, Kräuter, Moose ...
- Blumenbindedraht
- Gartenschere
- Seitenschneider oder kleine Zange

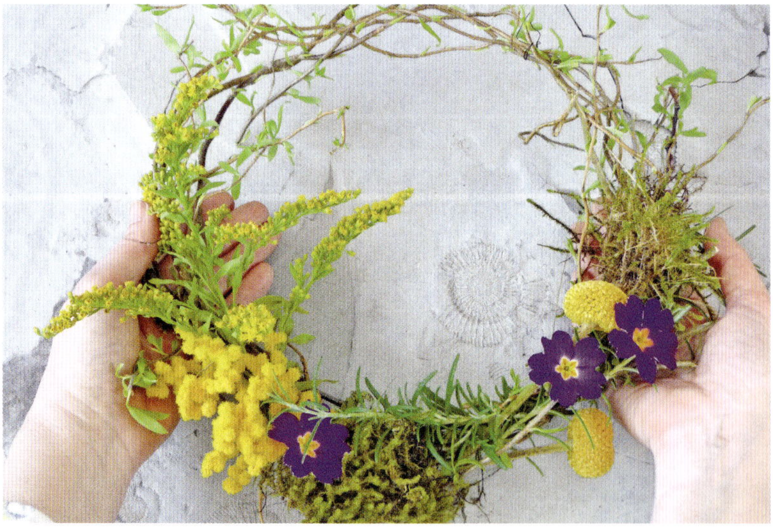

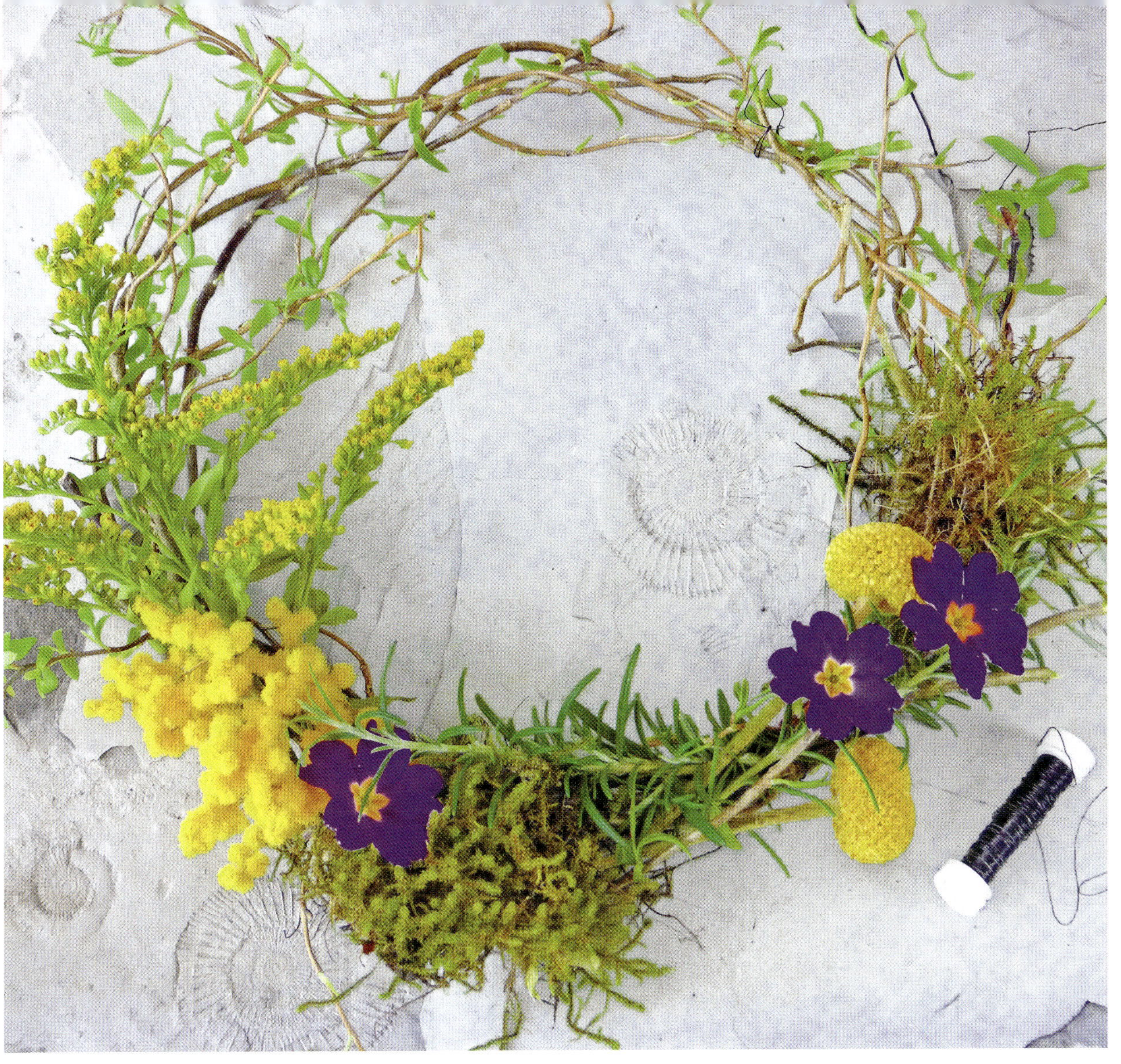

SO WIRD'S GEMACHT

1 Suche einige biegsame Zweige und verzwirbele sie zu einem Kranz. Das geht am besten zu zweit! Verwende Bindedraht zum Fixieren. Oder beginne mit einem Kranzrohling aus Naturmaterial.

2 Vielleicht hast du die Möglichkeit, Material aus deinem Garten zu bekommen. Dann schneide Zweige behutsam ab und nur so viel, wie du benötigst. Wenn du kein Grün hast, haben vielleicht deine Nachbarn, Freunde oder die nächste Gärtnerei welches für dich!

3 Bestücke deinen Kranz mit unterschiedlichem Naturmaterial ganz nach Lust und Laune. Nimm den Bindedraht zuhilfe, um etwas zu befestigen. Du kannst aber auch mit einer Heißklebepistole arbeiten.

4 Ist der Kranz fertig gebunden und bestückt, schneide den Draht ab und fixiere ihn.

5 Schmücke deinen Kranz nach Belieben und suche einen passenden Ort für ihn aus. Vielleicht magst du eine Kerze hineinstellen? Oder ihn als Willkommensgruß an deine Tür hängen?

GEBEN UND NEHMEN

„Geben und Nehmen“ ist ein sehr spannendes, lustiges und verbindendes Spiel. Es lässt sich gut in einer größeren Gruppe spielen, leider jedoch nicht allein. Inhaltlich geht es sehr in die Tiefe, also überlegt, wann der passende Moment für dieses Spiel sein kann.

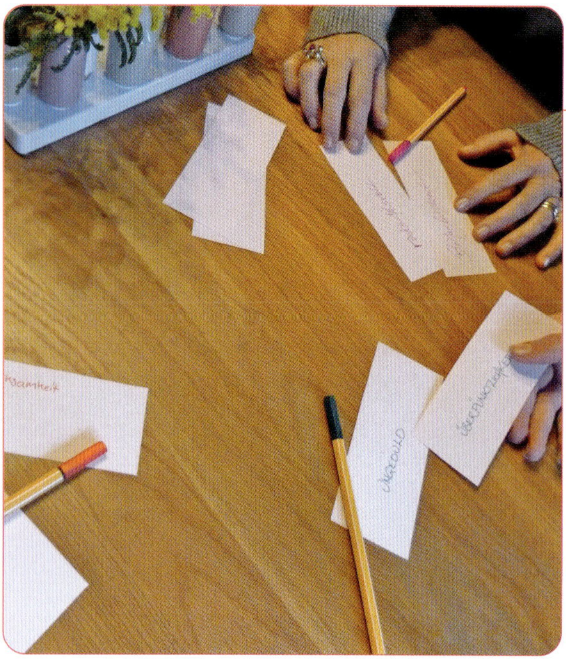

„Geben und Nehmen“ ist eine Variante des „Zauberladens“, ein Spiel, das gerne im systemischen Coaching Ausbildungen genutzt wird. Es ist eine schöne Möglichkeit, sich – dem eigenen Selbst bewusst – dem Nächsten zu stellen.

MATERIAL

- Notizzettel
- Stifte
- Tee für alle

SO WIRD'S GEMACHT

1 Jeder bekommt mehrere Notizzettel und einen Stift und notiert darauf einige seiner Eigenschaften: Bin ich schlau, schüchtern, humorvoll? Schreibt auf eure Notizzettel eine bunte Mischung aus schönen und anstrengenden Eigenschaften, auf jeden Zettel eine! Ihr dürft auch sehr fantasievolle Eigenheiten formulieren, aber sie sollten natürlich zutreffen. Vielleicht hast du eine „Raum-Zeit-Legasthenie“ oder etwa eine „Phobie vor Dinosauriern“?

2 Bildet einen Kreis. Es beginnt derjenige, der am dringendsten eine Eigenschaft „loswerden“ möchte: Er legt sie in die Mitte des Kreises und bietet sie zum Tausch an! Findet sich jemand, der tauschen möchte?

3 Nach und nach dürfen immer mehr Notizzettel mit Eigenschaften den Weg in den Kreis finden. Beginnt, untereinander zu verhandeln! Was ist vielleicht doch so toll an meiner Eigenschaft, dass ich sie gerne vermarkte? Unter welchen Umständen würde ich sie hergeben? Und wem? Gegen was? Kommt ins Gespräch und tauscht euch aus!

4 Nehmt dieses Spiel humor- und fantasievoll an. Übertreibt! Lacht über eure Eigenschaften und lasst euch nicht beleidigen! Steht zu euren Schwächen wie zu den Stärken, vielleicht seht ihr anstrengende Eigenschaften im neuen Kontext ja auch unter einem anderen Licht.

5 Beendet euer Spiel mit einer Tasse Tee für alle!

FLECHTEN ZU DRITT

Flechten lernt jedes Kind, aber miteinander flechten? Geht auch! Man benötigt dafür Seile, Filz- oder Textilbänder. Flechten beruhigt, und es schafft verbindende Strukturen. Wer etwas flechtet, hat gebundene Hände und kann in dieser Zeit mit ihnen nichts anderes machen. Die Bewegung ist rhythmisch wiederholend, so können die Gedanken schweifen. Alleine zu flechten ermöglicht man Kindern, indem man ihnen viele Bänder nebeneinander hängt. Die Kinder sollten allerdings alt genug sein, um die Gefahr durch Bänder einzuschätzen. Das Flechten zu dritt ist besonders spaßig und eine tolle Chance der Verbindung und des gemeinsam Bewegens und Erschaffens!

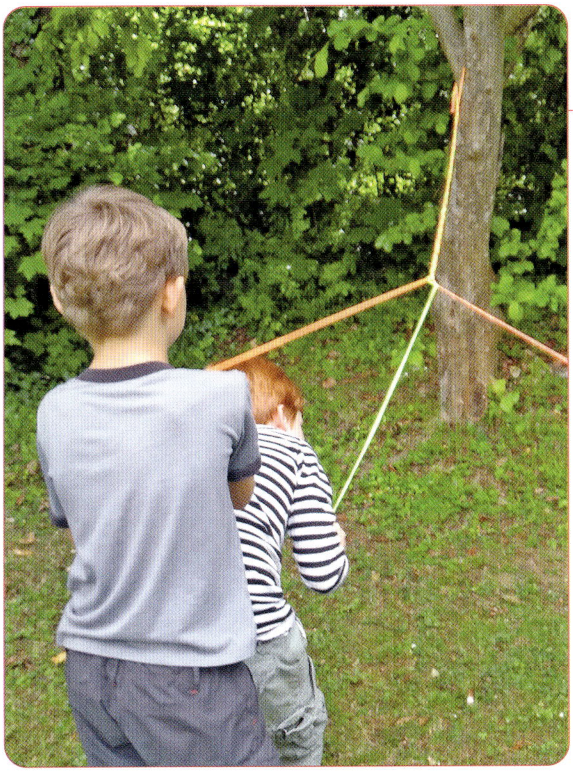

Eine schöne Erfahrung habe ich bei einem Kindergeburtstag meiner Tochter gemacht, an dem ich die Idee hatte, mit den Mädels zu flechten. Meine Tochter hatte auch drei Jungs eingeladen, die sehr aktiv waren, laut mit einem Fußball durch den Garten stürmten, während die Mädels spielten. Beim Flechten wurden die Jungs aber plötzlich ganz ruhig. Jeder nahm ein Band und sie hatten sich schnell als Team eingespielt: Sie tanzten umeinander und ließen mit großer Geduld drei dicke Zöpfe entstehen, damit jeder von ihnen einen mit nach Hause nehmen konnte.

MATERIAL

- 3 Textilbänder, 3 bis 4 m lang
- Möglichkeit zum Befestigen, z.B. Astgabel am Baum

SO WIRD'S GEMACHT

1 Binde die Bänder an einer etwa anderthalb Meter hoch gelegenen Stelle fest.

2 Jeder der Mit-Flechter bekommt nun ein Band in die Hand.

3 Jetzt wird ein Zopf geflochten – ohne dass einer von euch ein Band loslässt. Bewegt euch so umeinander herum, dass ein gleichmäßig fester Zopf entsteht! Findet beim Flechten euren eigenen Rhythmus!

4 Ist der Zopf fertig, knotet ihn unten zusammen, löst ihn oben und verknotet ihn auch hier.

5 Vielleicht macht ihr einen Zopf für jeden von euch?

ZWISCHEN DEN STERNEN

Mein absolutes Lieblingsspiel, um miteinander, mit der Geschichte der Menschheit und unseres Kosmos in Verbindung zu kommen. Sehr philosophisch! Dieses Spiel schafft so viel Raum, wie es kaum ein anderes vermag. Dabei braucht es hierfür nur ein großes Papier, am besten in Schwarz, und Buntstifte! Mit Kindern macht es am meisten Spaß.

Sternbilder erfinden – damit beginne ich jede neue Sternenwerkstatt, in der ich mit Kindern den Nachthimmel entdecke. Und immer wieder neu sind die Erfahrungen und Erkenntnisse, die ich durch die Kinder gewinne. Kinder sind die größten Philosophen, so viel ist klar! Wie klein der Mensch ist und wie groß das Universum, das wird uns immer wieder bewusst. Und dennoch: Wie einmalig, wie besonders sind wir!!!

MATERIAL

- Tonpapierbögen / Papiertischdecke in Schwarz oder Blau, mindestens DIN A2 (wenn nicht vorhanden, funktioniert auch eine helle Unterlage, ist nur nicht ganz so eindrucksvoll)
- Malerkrepp oder Klebeband
- Buntstifte oder dünne Wachsmalstifte
- Bodenkissen

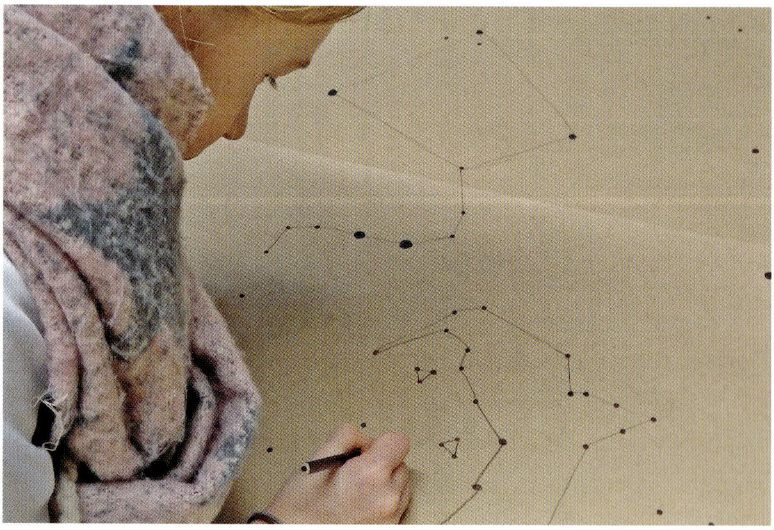

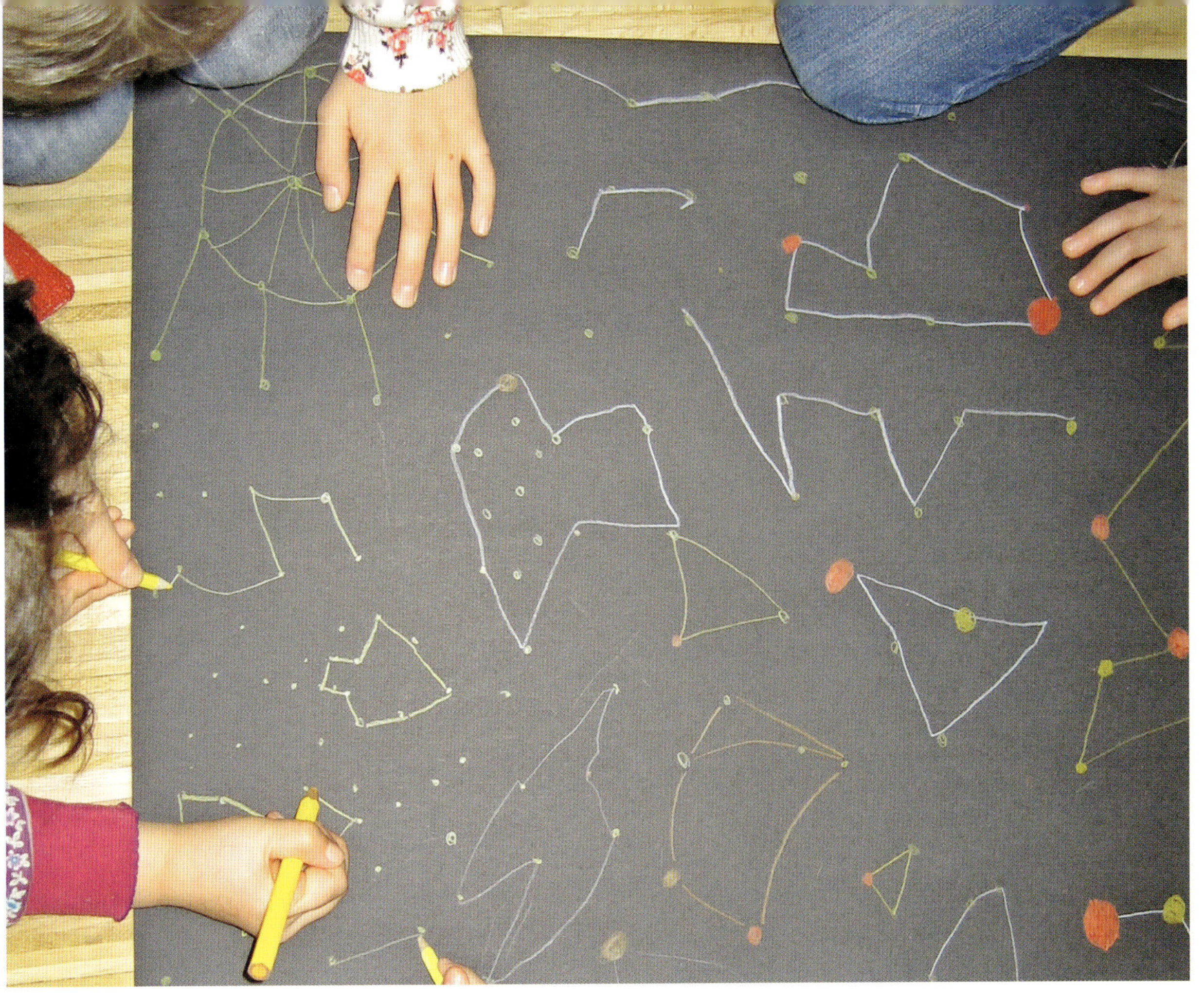

SO WIRD'S GEMACHT

1 Fixiere die Unterlage rundum mit dem Klebekreppband auf dem Boden, sodass man auf ihr arbeiten kann, ohne dass sie verrutscht oder einreißt.

2 Nimm einen Stift und male große und kleine Lichtpunkte auf das Papier. Stelle dir dabei vor, du bist Gestalter des Universums!

3 Betrachte deinen Sternenhimmel: Wie ging es wohl den Menschen früher, die in den Himmel geschaut haben? Wie viele Sterne haben sie früher gesehen? Kamen sie sich verloren vor, fühlten sie sich geborgen? Tauscht eure Gedanken aus, wenn ihr in einer Gruppe arbeitet.

4 Um sich am Nachthimmel zu orientieren, haben die Menschen früherer Kulturen ihren Himmel mit Figuren gefüllt. Sie haben die Sterne durch „Gedankenlinien" miteinander verbunden und zu den Bildern, die dadurch entstanden sind, Geschichten entwickelt, die zum Teil bis heute Bestand haben. Die in der westlichen Astronomie verwendeten 88 Sternbilder zur Orientierung am Himmel reichen bis in die Zeit der griechischen Antike und sogar noch weiter zurück. Verbinde nun auch die Sterne auf dem Papier miteinander! Erkennst du Figuren? Welche Sternbilder gäbe es in deinem, in eurem Universum? Gebt ihnen Namen!

5 Diskutiert und philosophiert über euren Nachthimmel, wenn ihr gemeinsam daran gearbeitet habt.

6 Vielleicht magst du Teile des Himmels aufbewahren. Dann schneide sie aus und finde für sie einen geeigneten Platz!

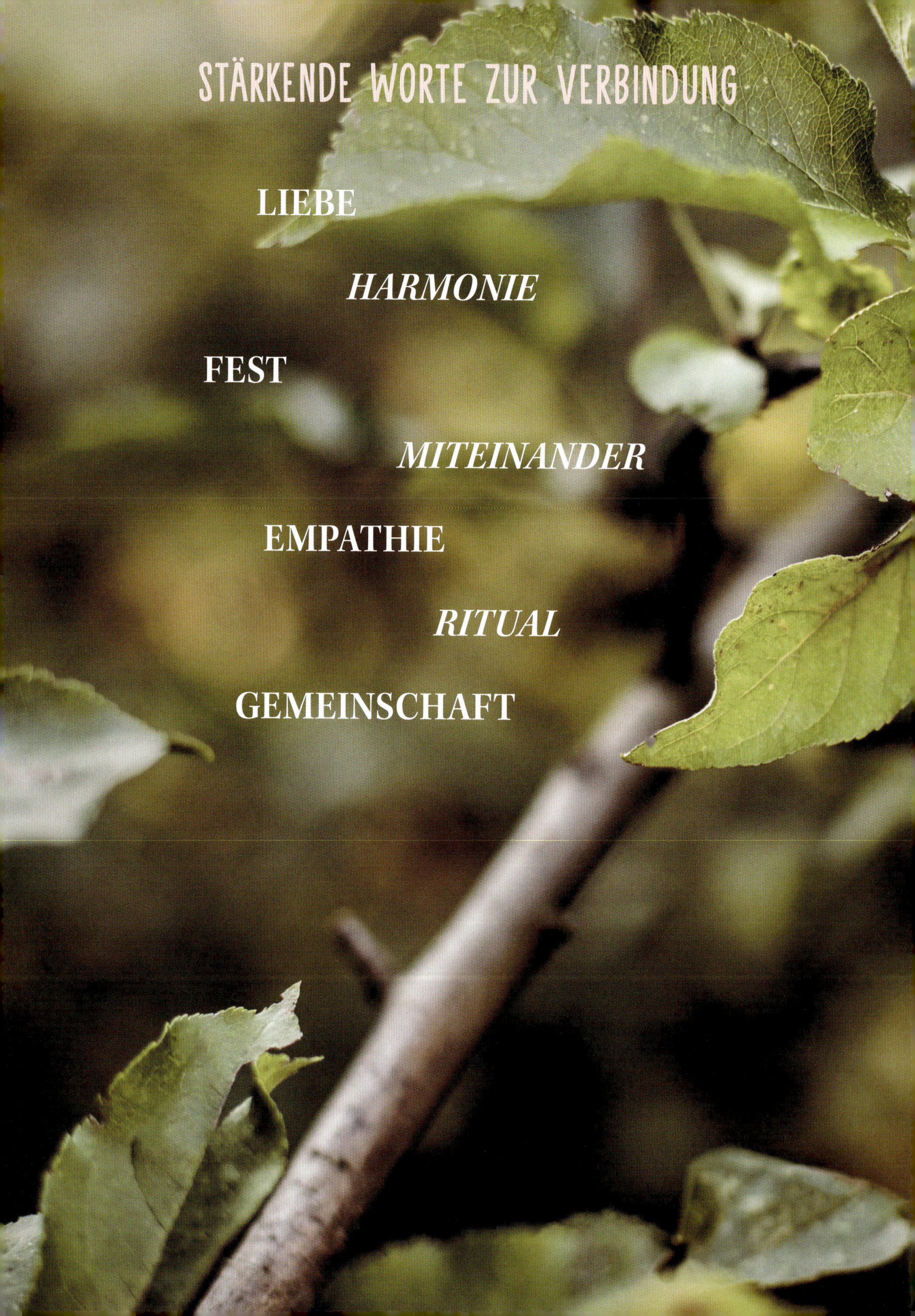

STÄRKENDE WORTE ZUR VERBINDUNG

LIEBE

HARMONIE

FEST

MITEINANDER

EMPATHIE

RITUAL

GEMEINSCHAFT

DAS KÖNNEN WIR NOCH TUN

kuscheln

Pläne machen, um gemeinsam Zeit zu verbringen

Murmelbahn bauen

gemeinsam puzzeln

Gesellschaftsspiele spielen

Briefe schreiben

gemeinsam einen Garten bewirtschaften

ein Fest organisieren

Finger-Fadenspiele spielen

Fotoalben anschauen

Pulli für zwei stricken

gemeinsam ein Wappen erstellen

mit Puppen spielen

Unterforderung
Ungleichgewicht
Unzufriedenheit
Unausgeglichenheit
Hochbegabung

„Es geht weiter!“

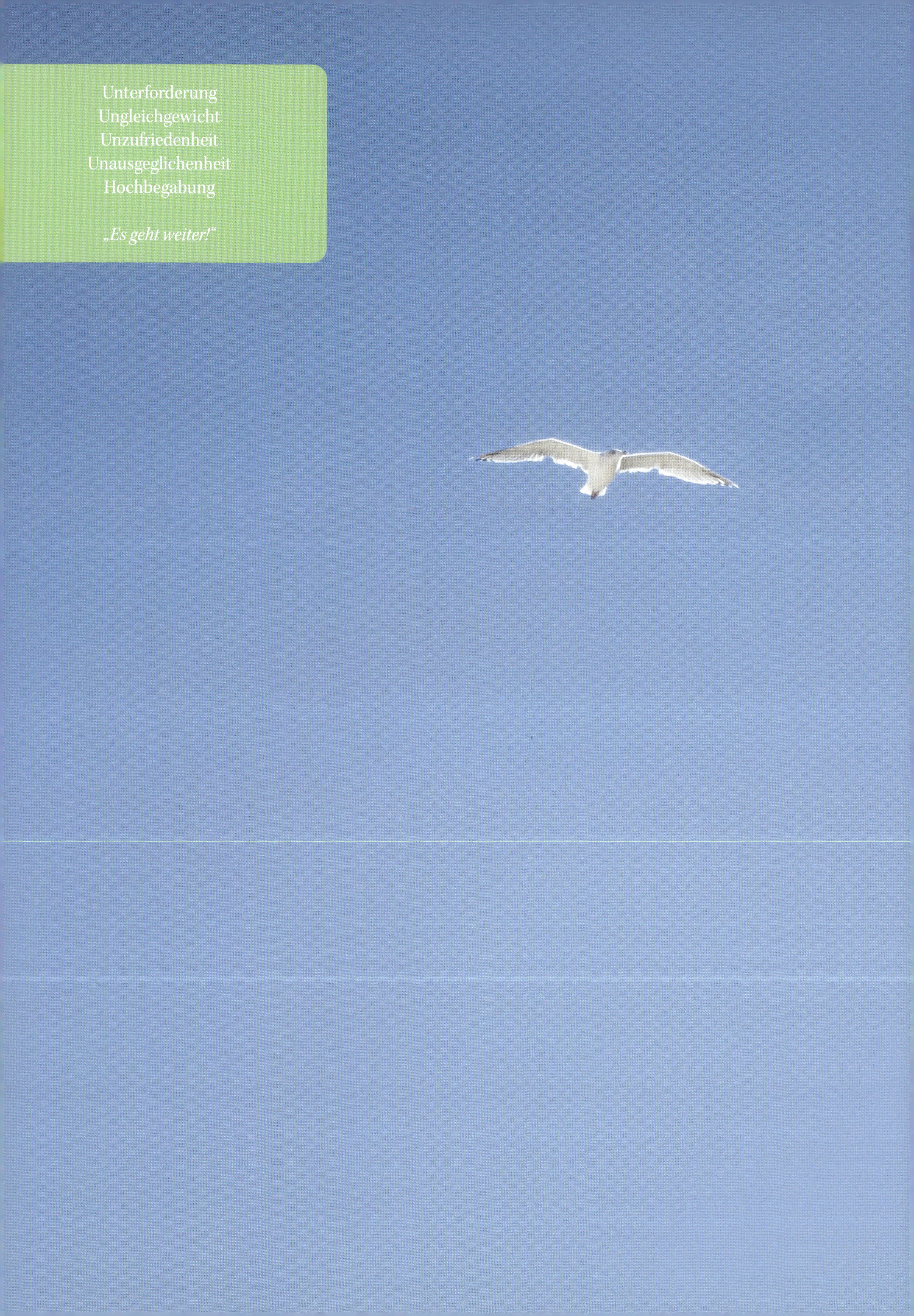

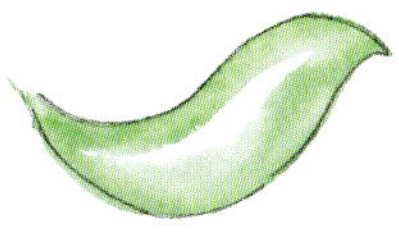

WACHSTUM

Hast du auch schon einmal das Gefühl gehabt, die Welt im Außen wird dir nicht gerecht? Nicht im negativen Sinne in Form von Ungerechtigkeit oder Nichtbeachtung – sondern im Sinne von Resonanzlosigkeit, von Stillstand, Monotonie und Langeweile? Du kannst dich erfreuen an dem, was bei dir ankommt, aber dein Anspruch an deine Umwelt ist zu hoch und das, was dich interessiert, findet seinen Weg nicht zu dir? Du bist unterfordert! Dann ist es höchste Zeit für dich, einen Weg zu finden, diesem Zustand zu entkommen.
Kinder finden diesen Weg meist leichter, weil ihre Jugend sie von Natur aus aufgeschlossener für neue Herausforderungen macht – aber auch unter ihnen gibt es Ausnahmen. Erwachsenen fällt es mitunter sehr schwer, auch weil sie in Alltagsroutinen und sozialen Abhängigkeiten stecken.
Die Projekte in diesem Kapitel mögen deinem Wachstum zugute kommen – mehr noch als alle anderen Projekte in diesem Buch. Sie gelten in erster Linie dir selbst und dem Gefühl, voranzukommen, in der Erkenntnis der Selbstliebe und Eigenverantwortung. Wenn wir ganz bei uns sind und den Mut haben für uns, mit uns, über uns hinauszuwachsen, dann geht es uns gut! Dann strahlen wir richtig!
Bei diesen Projekten gilt umso mehr die Übertragbarkeit auf vergleichbare Ideen nach persönlichen Vorlieben! Übe den kreativen Umgang mit dir und entdecke deine Vorlieben doch einmal ganz neu!

HELFENDES MATERIAL

Der Himmel über uns, Pflanzen, Tiere, Materialmix

VOGELSCHULE

Du hast Lust, alte Sichtweisen aufzugeben und neue Horizonte zu entdecken? Sehr gut geht das bei einer Reise. Aber: Du musst dafür nicht reisen, das Neue liegt direkt vor deiner Tür! Schau hin und vor allem: Hör hin! Nutze deine Sinne! Vögel gibt es viele in unserer unmittelbaren Umgebung, und sicher kennst du von einigen die Namen. Aber erkennst du ihre Stimmen? Vogelstimmen zu erkennen ist sehr anspruchsvoll und wenn du damit beginnst, auch sehr anregend. Probiere es aus und du wirst entdecken, dass sich dadurch dein Horizont tatsächlich erweitert. Die Stimmen unserer Vögel filtern die meisten von uns im Alltag einfach aus – sich diese „Parallelwelt“ bewusst zu machen, die außerhalb unseres Aufmerksamkeitsbereichs liegt, ist eine tolle Erfahrung! Vogelstimmen erkennen zu lernen hilft, sich zu entspannen, sich zu konzentrieren, sich zu erden, zu wachsen ... Es erfüllt einfach alle Kriterien der regenerativ wirksamen Ideen.

Im Frühjahr 2019 fing ich an zu lernen, Vogelstimmen zu erkennen. Sechs Wochen später begann eine Amsel direkt bei uns zu brüten – obwohl wir zwei Katzen haben. Im Laufe des Sommers durften wir neun Amselkinder flügge werden sehen! Und das nach einem Jahr, in dem viele Amseln aufgrund eines Virus verschwunden waren. Mittlerweile erkenne ich sogar an dem Gesang, wenn unser Wintergoldhähnchen wieder im Garten ist. Vögel beobachten und ihre Stimmen zu unterscheiden, ist mein liebstes Entspannungsritual geworden!

MATERIAL

- Vogelbuch oder Vogel-App nach Belieben
- Skizzenbuch
- Notenpapier
- Stift
- Fernglas

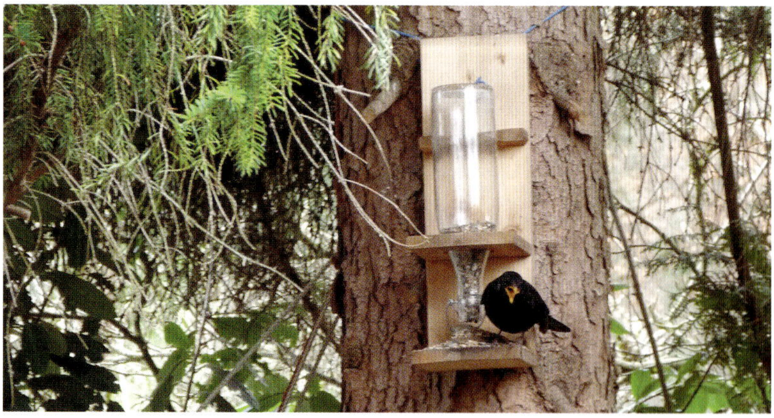

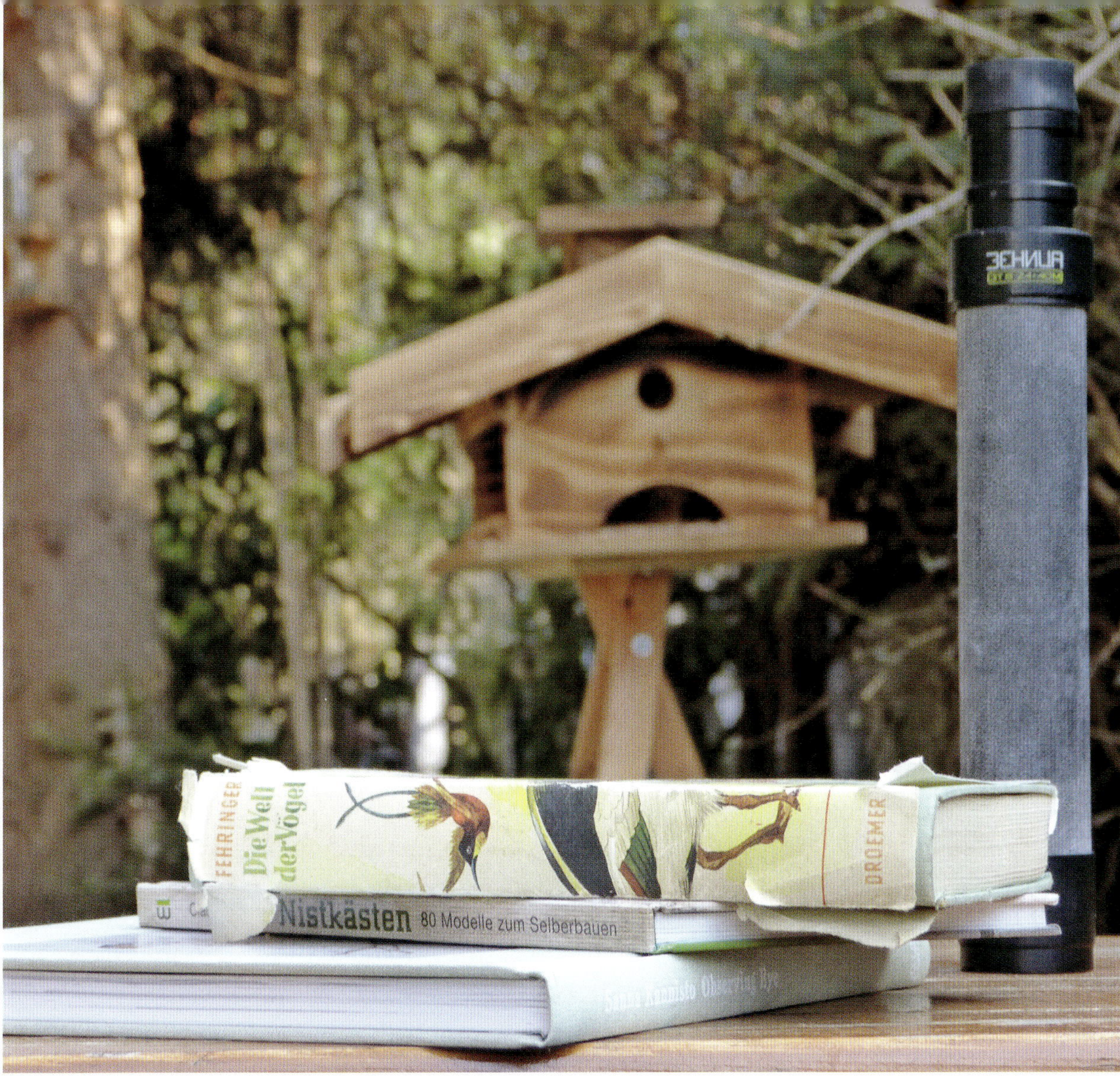

SO WIRD'S GEMACHT

1 Informiere dich. Besorge ein schönes Vogelbuch, dazu eine Vogelstimmen-App oder schau, was du im Internet über die Vögel in deiner Umgebung findest. Du beginnst am besten im Frühjahr, wenn die meisten Vögel singen, aber auch zu den anderen Jahreszeiten wirst du erfolgreich sein, wenn du aufmerksam bist.

2 Nimm dir Zeit. Was hörst du? Nimm die Stimmen wahr und versuche, die Melodien, die du hörst, abzuspeichern.

3 Hast du eine wiederkehrende Vogelmelodie entdeckt, die dich interessiert, dann mache dich kundig. Welcher Vogel ist es? Wie viele gibt es von ihnen? Kannst du sie sehen? Vielleicht suchst du sie mit deinem Fernglas.

4 Mach dir Notizen. Vielleicht kannst du Vogelmelodien auf dem Notenpapier notieren?

5 Im Verlauf der Jahreszeiten wirst du natürlich Veränderungen feststellen, was die Vogelwelt und deren Melodien betrifft. Auch dein Gefühl für die Jahreszeiten wird sich damit intensivieren! Wie viele Vögel erkennst du nach einem Jahr? Vielleicht findest du Gleichgesinnte!

SAMMELN, SAMMELN, SAMMELN

Das Sammeln von Dingen kommt aus der Mode, heute sind Beweglichkeit und Konzentration auf das Wesentliche wichtiger. Diese Strömungen sind durchaus berechtigt. Dennoch trägt das Sammeln eine regenerative Energie, die man nicht unterschätzen sollte und die man in jedem Alter neu entdecken kann. Sich mit einem Thema intensiv auseinanderzusetzen und gleichzeitig haptische Erfahrungen zu machen, hat natürlich auch eine sinnliche Komponente! Sammeln kann man alles auf der Welt, von Federn bis zu Flugzeugen, und man kann wunderbar gemeinsam mit der Familie sammeln. Unterstütze deine Kinder unbedingt, wenn sie ein Thema für sich entdecken! Das muss nicht der 150-ste Gummidinosaurier sein, aber wenn das Kind sich wirklich interessiert und beginnt, sich auszukennen, warum nicht? Wir brauchen Expertinnen und Experten!

Gesammelt habe ich schon als Kind alles Mögliche, angefangen bei Kakteen. Mittlerweile habe ich Sammlungen, die sich selbstständig zu entwickeln scheinen: Die Lieblingskuscheltiere unserer drei Kinder, die zurzeit keinen Platz im Jugendzimmer finden und doch so viel Geschichte tragen – man darf sich immer wieder neu entscheiden, welche Sammlung gerade Platz im Leben hat!

MATERIAL

- Notizbuch
- Stift
- eine Tasse Tee

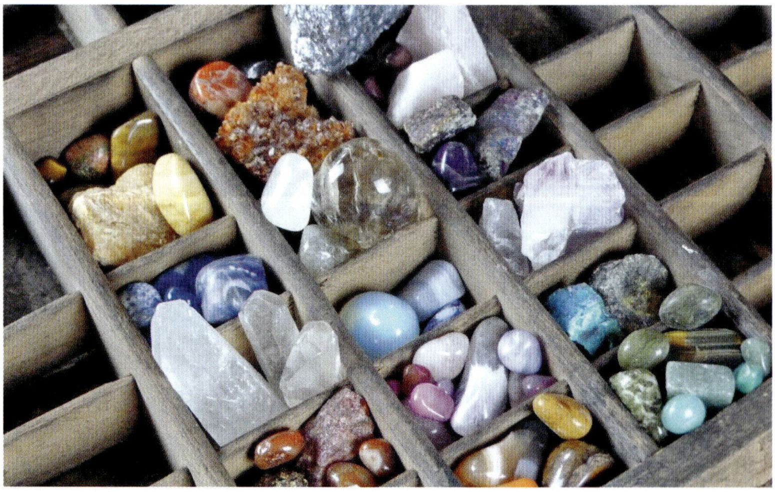

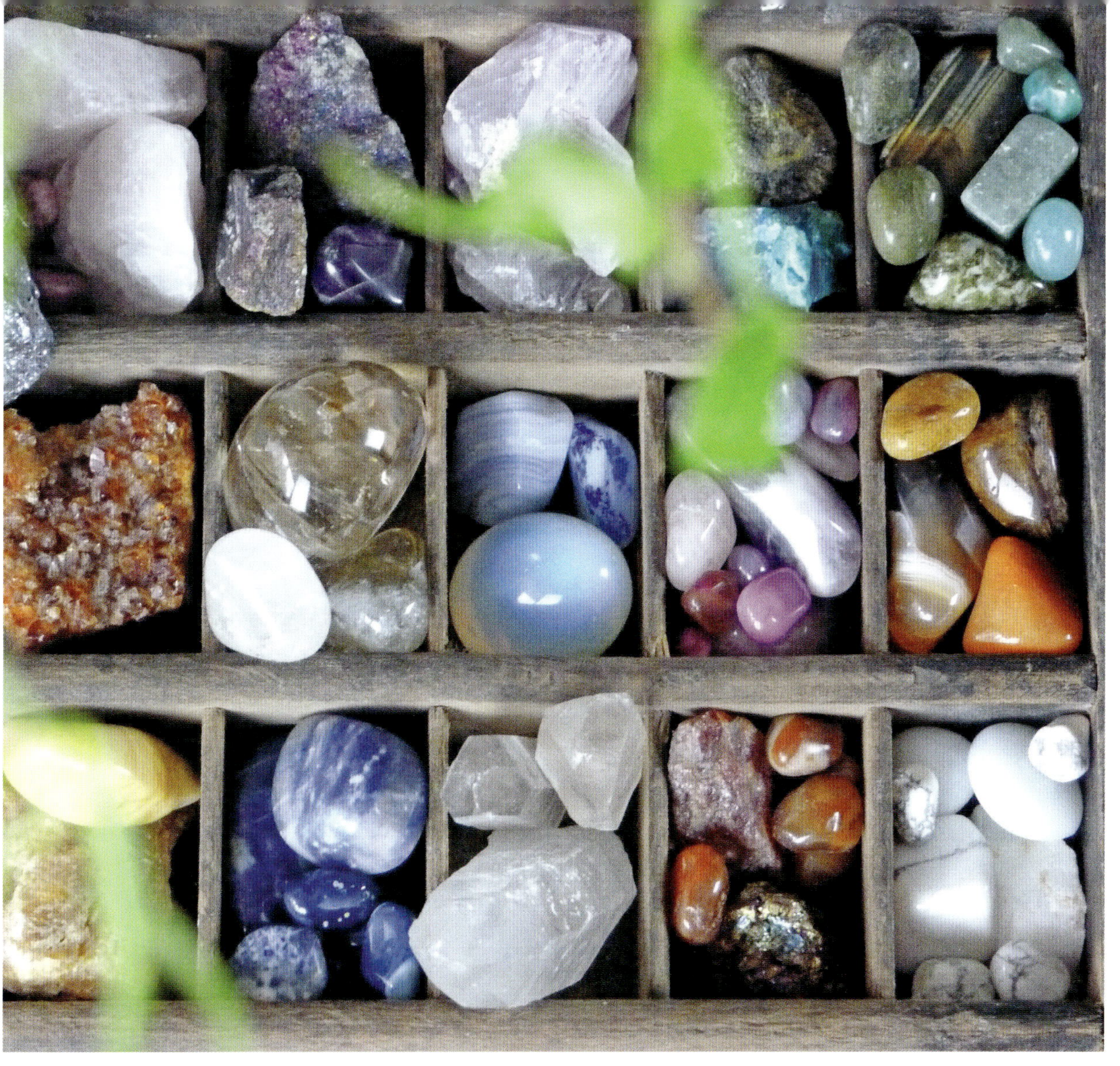

SO WIRD'S GEMACHT

1 Suche dir einen ruhigen Platz und reflektiere bei einer Tasse Tee: Was mache ich wirklich gerne? Für was nehme ich mir im Alltag zu wenig Zeit? Was liegt mir am Herzen? Womit möchte ich mich in der nahen Zukunft intensiver beschäftigen?

2 Bestimmt hast du ein Thema gefunden. Es kann ganz praktischer Natur sein, es kann aber auch aus Worten bestehen!

3 Mache dir einen Plan, eine Wunschliste für dich selber, und skizziere sie in deinem Notizbüchlein. Überlege, wann du regelmäßig Zeit findest, dich mit deiner Sammlung aktiv zu beschäftigen.

4 Lasse deine Sammlung wachsen! Achte aber genauso bewusst darauf, dass die Sammelleidenschaft dich nicht überfordert!

5 Pflege deine Sammlung und suche dir Gleichgesinnte, wenn dir danach ist.

SCHAU, DIE KLEINE WELT!

Wenn du über den Tellerrand schauen möchtest, versuche es doch einmal mit dem Blick auf die kleine Welt! Hierfür braucht es nicht viel, aber du wirst begeistert sein! Mit Kindern macht es besonderen Spaß, unseren Mikrokosmos zu entdecken, denn sie sehen oft noch viel mehr als Erwachsene und haben natürlich ihre ganz eigenen, inspirierenden und oftmals philosophischen Erklärungen.

Das Gartencenter, in dem ich dekoriere, ist ständig im Wandel. Und doch habe ich meistens eine Lieblingszimmerpflanze, die ich für einige Zeit genauer beobachte, und ich freue mich, wenn sich ein neues Blatt entrollt. Und ach, wie gerne denke ich an den oft sehr langen Rückweg von der Grundschule mit meinem mittleren Sohn, der einfach jede Schnecke auf dem Weg sah und schätzte!

MATERIAL

- Schale oder Schraubglas mit Deckel
- Leselupe
- Naturmaterial, wie Moos und kleine Pflanzen

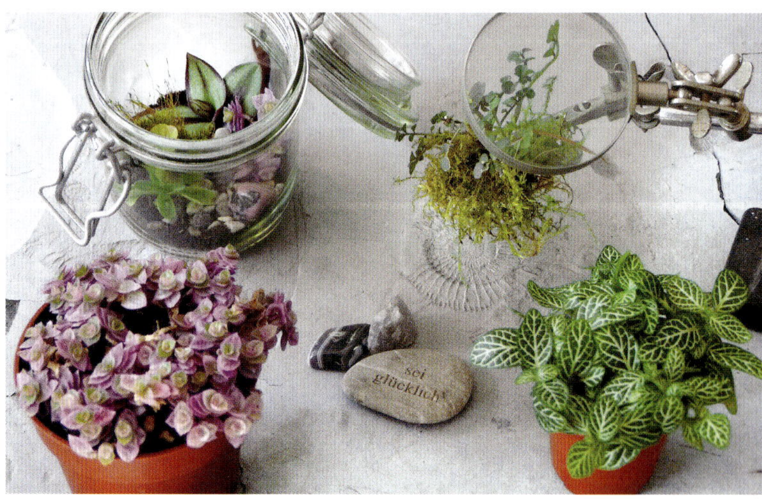

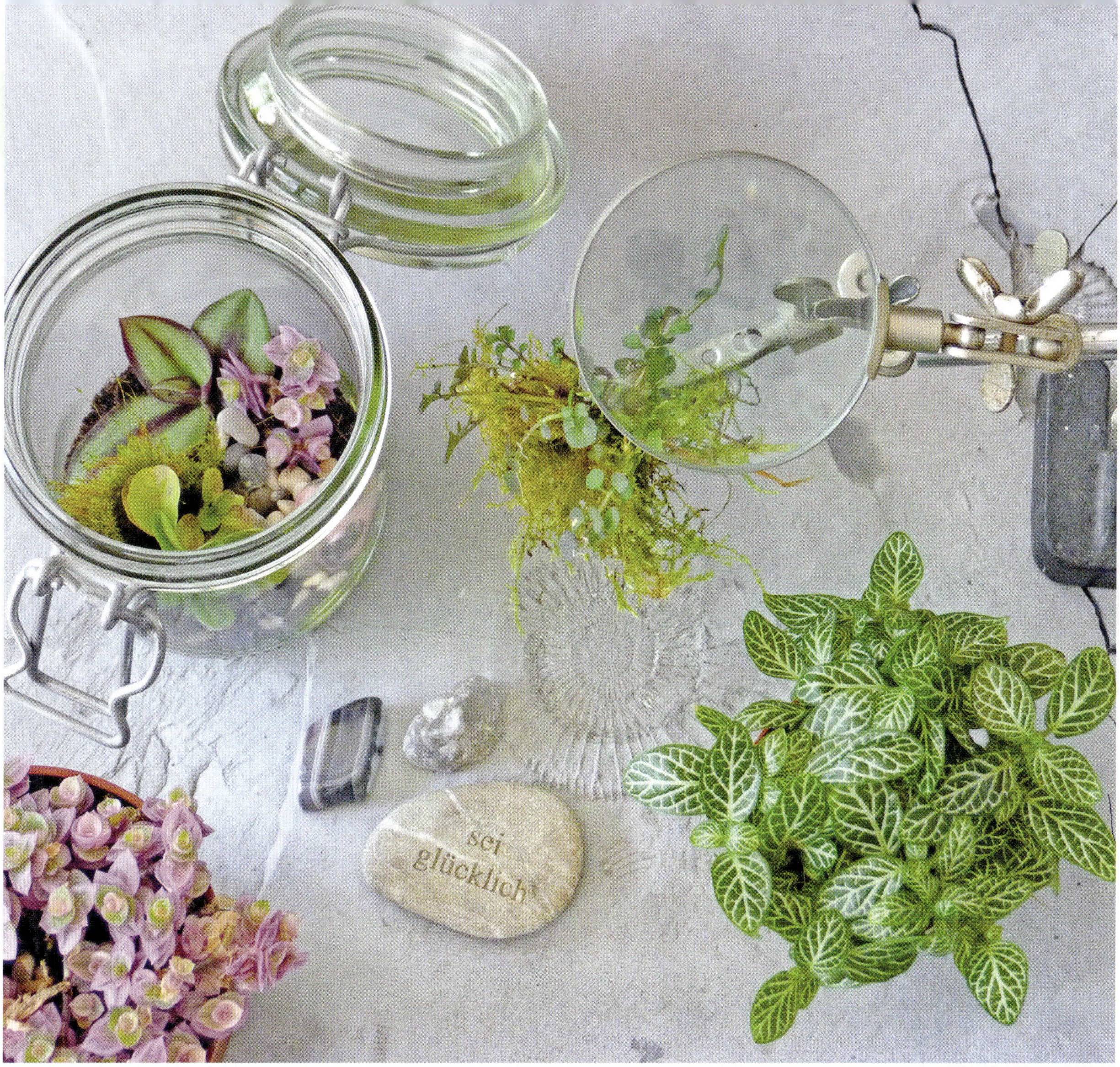

SO WIRD'S GEMACHT

1 Mache einen ganz bewussten Spaziergang, auf dem du dich auf die kleinen Dinge konzentrierst, die dir begegnen. Betrachte die Rinde der Bäume, erfreue dich an dem unregelmäßigen Muster der Steinplatten auf deinem Weg und beobachte den kleinen Käfer, der an der Hausmauer entlangläuft.

2 Entnimm der Natur nur ein kleines Stück Moos, den Ableger einer kleinen Pflanze, etwas Erdreich. Gehe dabei behutsam mit der Natur um. Vielleicht findest du ja auch kleine unbestimmbare Samenkörner, die du in etwas feuchter Erde in dein Glas oder deine Schale betten kannst.

3 Betrachte deinen kleinen Schatz genau, nimm dazu auch die Lupe. Du wirst eine ganz eigene Welt entdecken!

4 Wenn du ein Glas mit Schraubdeckel hast, kannst du es unter den richtigen Bedingungen, das heißt, Schicht aus Steinchen, etwas Erde und deiner Pflanze, einem Stückchen Holz und anderem – auch fest verschließen, um ein kleines geschlossenes Ökosystem zu kreieren. Wenn dieses hell, aber nicht zu warm steht, kann es dir für lange Zeit Freude bereiten!

5 Wenn du Samen gefunden hast, kannst du vielleicht versuchen, sie zum Keimen zu bringen? Hole dir Hilfe und informiere dich, was dein Pflänzchen zum Wachsen braucht!

MEIN ESCAPE ROOM

Nicht nur den natürlichen Herausforderungen können wir uns stellen, auch den logischen! Ein Escape Room ist ein Raum, aus dem deine Freunde einen Ausweg finden müssen. Hast du schon einmal einen persönlichen Escape Room entwickelt? Wenn nicht, dann wird es höchste Zeit! Vorausgesetzt, du kannst dir Zeit und Konzentration für dieses anspruchsvolle Projekt nehmen. Auch Kinder können einen Escape Room gestalten. Gemeinsam in der Gruppe ist es schwieriger, aber durch unsere unterschiedlichen Fähigkeiten auch superspannend.

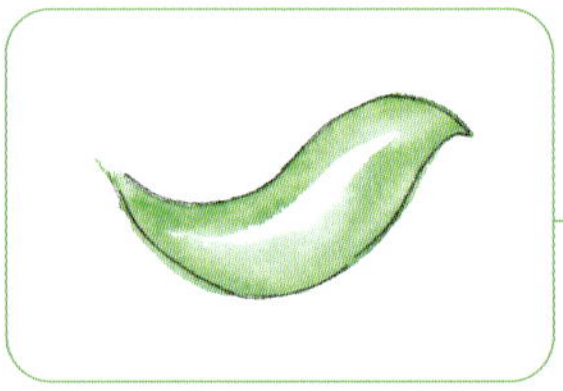

Ein Escape Room im Haus zu haben, den unser Besuch errätseln kann – vielleicht realisiere ich diesen Plan im Anschluss an dieses Buch. Dieser Plan ist mein persönliches Wachstumsprojekt.

MATERIAL

- Papier
- Stift
- Fotos
- Taschenrechner
- Wolle und anderes Material nach Bedarf
- geeigneter Raum mit zwei Schlüsseln

TIPP

Inspiration findest du auch im Internet, wenn du in der Suchfunktion „Escape Game DIY“ eingibst!

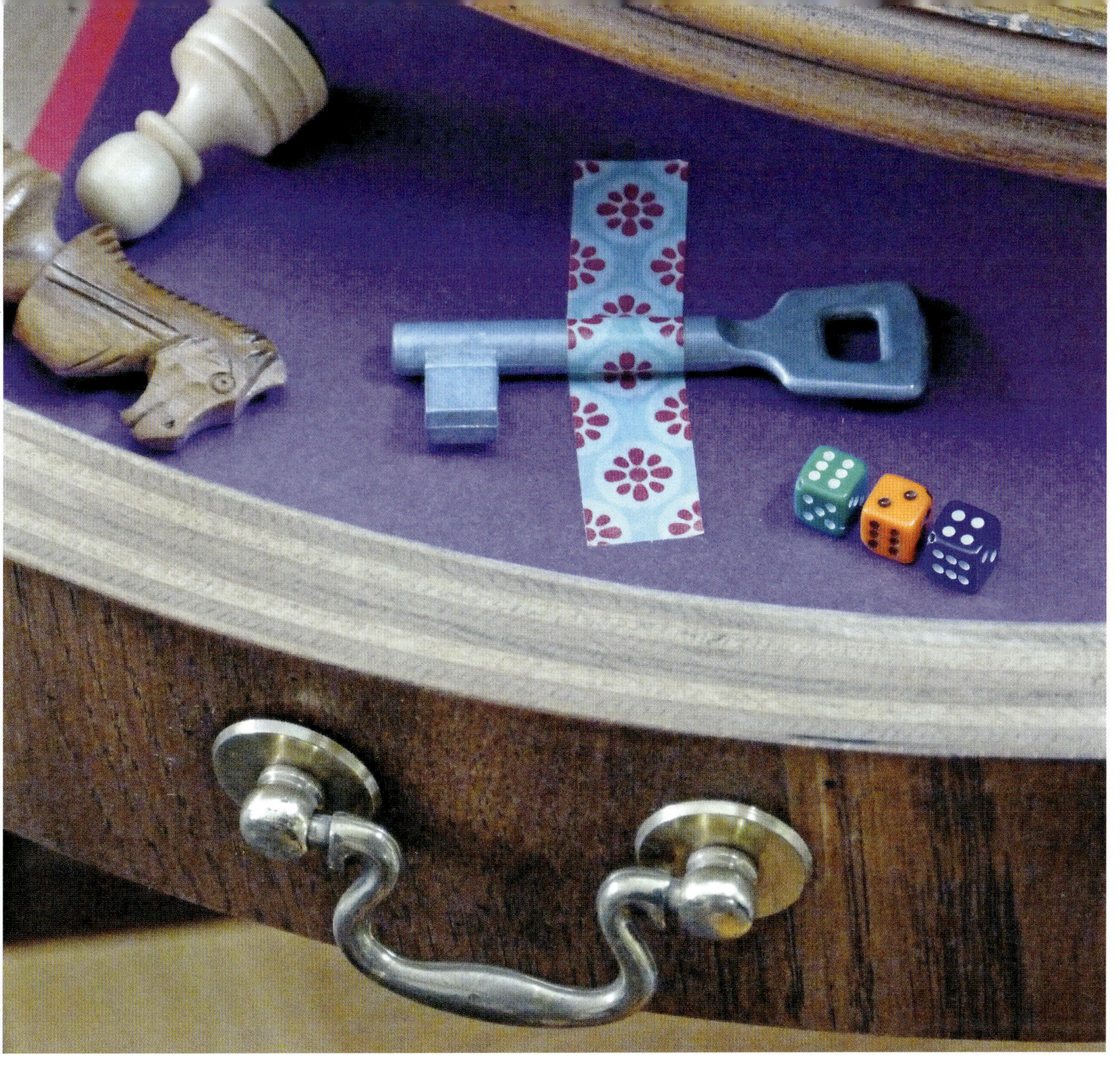

SO WIRD'S GEMACHT

1 Überlege dir ein Thema für deinen Escape Room, z.B. Tresorraum, verschlossene Eisdiele, Fürstenzimmer ... Lasse deiner Fantasie dabei freien Lauf.

2 Sammle verschiedene Ideen für deine Rätsel, die gelöst werden müssen, um aus dem Raum zu entkommen.

3 Arbeite mehrere einzelne Rätsel aus: kleine Kreuzworträtsel, Puzzle aus Fotoschnipseln, die im Raum versteckt werden, Gegenstände, die in die richtige Reihenfolge gebracht werden müssen ... Stimme dabei den Anspruch der Rätsel auf die Menschen ab, die ihn später lösen sollen.

4 Lege eine Reihenfolge von 5-8 Herausforderungen fest. Schreibe nun deine eigene Choreografie für diese Reihenfolge, die zum Erfolg führt, den Schlüssel zum öffnen der Tür zu finden.

5 Probiere deinen Escape Room mit einer Person deiner Wahl aus und nehmt eventuell noch Verbesserungen vor.

6 Zeige deinen Escape-Room-Spielern zu Beginn immer einen Ort mit einem Zweitschlüssel und einem Notausgang, denn niemand soll in deinem Raum Ängste entwickeln.

WELTRAUM-RAKETEN BAUEN

Eine Weltraum-Rakete – Sinnbild für Aufbruch in neue Welten! Wenn ich zu neuen Horizonten gelangen will, ist diese sehr hilfreich, sie gibt mir die Schubkraft, die ich benötige. Eine Weltraum-Rakete zu bauen macht Riesenspaß und ist zugleich sehr aufbruchfördernd. Ein schönes Kinder-, Familien- und Gruppenprojekt, aber auch alleine sehr vergnüglich. Bei diesem Projekt kann wunderbar mit altem Material gearbeitet werden, aus dem auf diese Weise etwas ganz Neues entsteht. Auf zum Mond!

Weltraum-Raketen habe ich schon viele gebaut, mit meinen Kindern und meinen Sternenwerkstatt-Kids! Es ist immer wieder toll zu erfahren, was den Kindern an Bord wichtig ist. Es sind immer fantastische Weltraum-Raketen geworden, die viel zu schön waren, um sie in die Luft zu jagen.

MATERIAL

- Kartons und Umverpackungen verschiedener Größen
- Folienreste
- interessante Pappen und Papiere, z.B. Wellpappe, Tonpapier
- Drähte
- interessante Elemente aus alten technischen Geräten
- Stifte
- Kleber, Klebebänder
- Schere, Zange

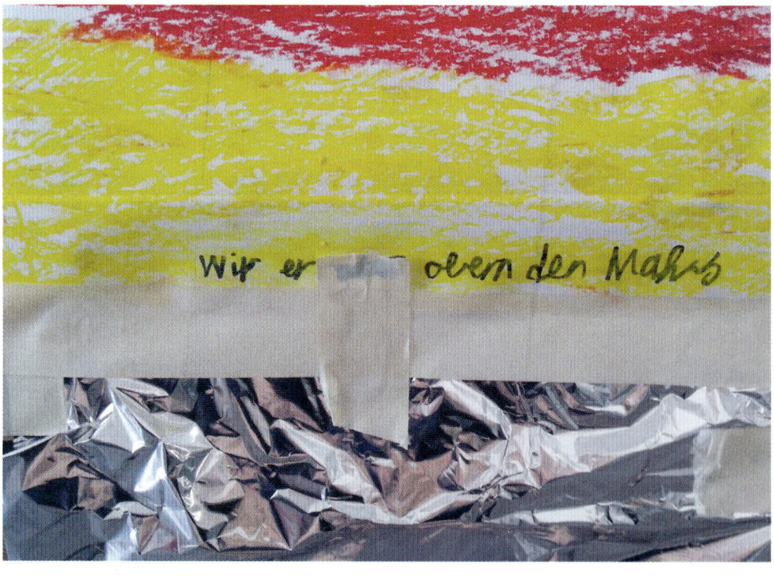

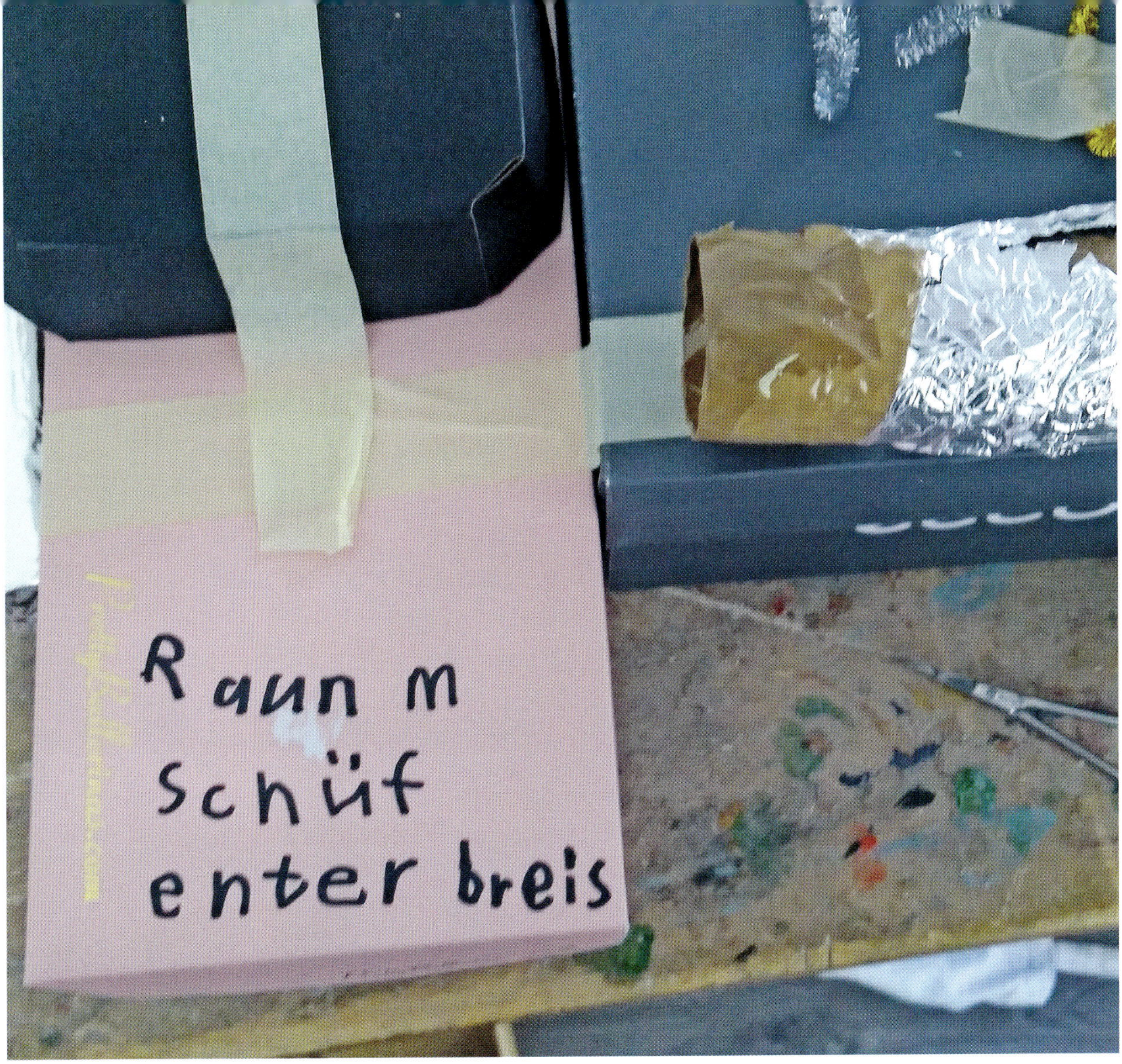

SO WIRD'S GEMACHT

1 Sammle alte Umverpackungen, Kartons und reichlich interessantes Material, das dir für die Gestaltung einer Rakete hilfreich sein könnte. Beim Arbeiten in der Gruppe kann bestimmt jeder etwas an Material beisteuern.

2 Lege das Werkzeug bereit, das du zum Basteln benötigst.

3 Überlegt, wenn ihr in der Gruppe arbeitet, gemeinsam, wie eure Weltraum-Rakete aussehen soll. Vielleicht machst du vorher eine kleine Skizze? In einer Brainstorming-Runde sollte jeder seine Ideen einbringen können und ihr entscheidet zusammen, was ihr davon umsetzt. Vieles wird allerdings auch beim Basteln entstehen ...

4 Los gehts! Konstruieren, basteln, kleben!

5 Die Weltraum-Rakete steht? Auf zu neuen Horizonten! Vielleicht magst du sie noch füttern mit Worten, die mit ihr auf Reisen gehen sollen. Als Familie könnt ihr sie mit dem bestücken, was ihr euch für die Zukunft wünscht, mit Plänen und Ideen! Als Gruppe vielleicht mit Werten, die euch für eure Gemeinschaft wichtig sind?! Wenn du alleine arbeitest, entscheidest du ganz für dich!

6 Lasst eure Weltraum-Rakete symbolisch abheben, vielleicht mit einem Countdown, einem Tischfeuerwerk oder Ähnlichem!

STÄRKENDE WORTE ZUM WACHSTUM

INTENSITÄT

ANFORDERUNG

KOMPLEXITÄT

VIELSCHICHTIGKEIT

VERNETZUNG

NEUSTART

ENTDECKUNG

DAS KÖNNEN WIR NOCH TUN

Mandalas häkeln

ein Planetarium besuchen

bewusst den neuen Weg gehen

klettern gehen

einen Roman schreiben

einen Baum pflanzen

Unterhaltungen mit Freunden vertiefen

umschalten

DER KREATIVE NOTFALLKASTEN

Ein Notfallkasten kann gemeinsam entwickelt werden mit der ganzen Familie, er kann aber auch für dich allein oder für deinen Partner, deine Kinder oder Enkel oder eine Kindergruppe zusammengestellt werden. Der Kasten kann natürlich auch ein Schuhkarton, eine Schublade oder ein Fach im Schrank sein!

Wichtig ist, dass er Dinge enthält, die du gerne in die Hand nimmst. Dinge, die im Alltag oft keinen Platz finden. Dinge, die dir Spaß machen, die sich gut anfühlen.
Vielleicht kommen auch Dinge in deinen Notfallkasten, die du einmal gekauft hast, weil sie dich inspiriert haben, für die du aber im Alltag keine Zeit findest. Hier findest du Inspirationen für den Inhalt deines Notfallkastens, abgestimmt auf die einzelnen Kapitel im Buch. Wenn du dich also von einigen Kapiteln besonders inspiriert fühlst, kannst du ihn auch danach ausgerichtet befüllen und je nach Seelenlage nutzen. Achte darauf, dass dein Kasten nicht zu voll wird, sondern übersichtlich bleibt. Ein Notfallkasten macht es dir und deiner Familie einfacher, auf Stimmungen mit kreativen Hilfsmitteln einzugehen.
Nimm dir einmal Zeit zum Befüllen, und er wird dir oder deinen Kindern sicherlich immer wieder guttun.

BEFÜLLOPTIONEN (Sei kreativ in der Auswahl!)
ANNEHMEN: kleine, bunte Kerzenreste, duftendes Öl, Verband
SELBSTBESINNUNG: Wollknäule, Taschenspiegel, Wachsmalstifte, Papier
SENSIBILISIERUNG: Duftöle, kleine Halbedelsteine, Meditations-CD
ERDUNG: Ton oder Plastelin, Samentütchen
KONZENTRATION: Wollknäuel, Puzzle, Häkelnadel
STÄRKUNG: Block, Wasserfarben, Schminkset
VITALISIERUNG: Wasserspritzpistole, Krepppapier, Perlen und Holz
ERHEITERUNG: kleines Witzebuch, Zettel und Stifte
VERBINDUNG: Magnete, Textilgarn, Gedichtbuch
WACHSTUM: Vogelbuch, drehbare Sternkarte, Lupe, kleines Fernglas, außerdem Schere und Kleber

Als ich ein Kind war, war ich oft zu Besuch bei meinen Großeltern. Ich habe meinen Großvater sehr geliebt und er hatte immer tolle Ideen. Er brauchte dafür nicht viel, sehr schnell entstand aus einem Keksdeckel und einigen Kleingeldmünzen ein Spiel, aus einer Zeitungsseite ein Fächer und aus dem Perückenkopf der Großmutter eine Handpuppe.
Aber auch wenn ich meine Zeit ohne ihn in ihrer Wohnung verbracht habe, hatte ich nie Langeweile. Denn meine Großeltern hatten diese eine Schublade, in der ich immer etwas Spannendes fand, mit dem ich mich beschäftigen konnte. Ich liebte es, diese Schublade zu durchforsten und z.B. mit den kleinen Magneten zu spielen, die sich darin befanden, die bunten Gummis zu sortieren oder den Mini-Weltempfänger zu untersuchen. Im Nachhinein glaube ich schon, dass er diese Schublade ab und an auch bewusst für mich befüllte, aber ich bin mir nicht sicher. Leider kann ich ihn nicht mehr fragen. Vielleicht war er auch nur so eine leidenschaftliche Sammler- und Bastlernatur wie ich …

Aus meiner positiven Erinnerung daran und aus der Entwicklung dieses Buches ist die Idee entstanden, einen kreativen Notfallkasten zu entwickeln.
Denn ich glaube, in unserem beschäftigten und oft zu aufgeräumten oder aber chaotischen Leben macht es Sinn, einen Ort zu finden, an dem entschleunigende, berührende und kreativ-regenerierende Hilfsmittel einen Platz haben, der spontan zugänglich ist und so genutzt werden kann, wie ich damals die Schublade meines Großvaters genutzt habe.

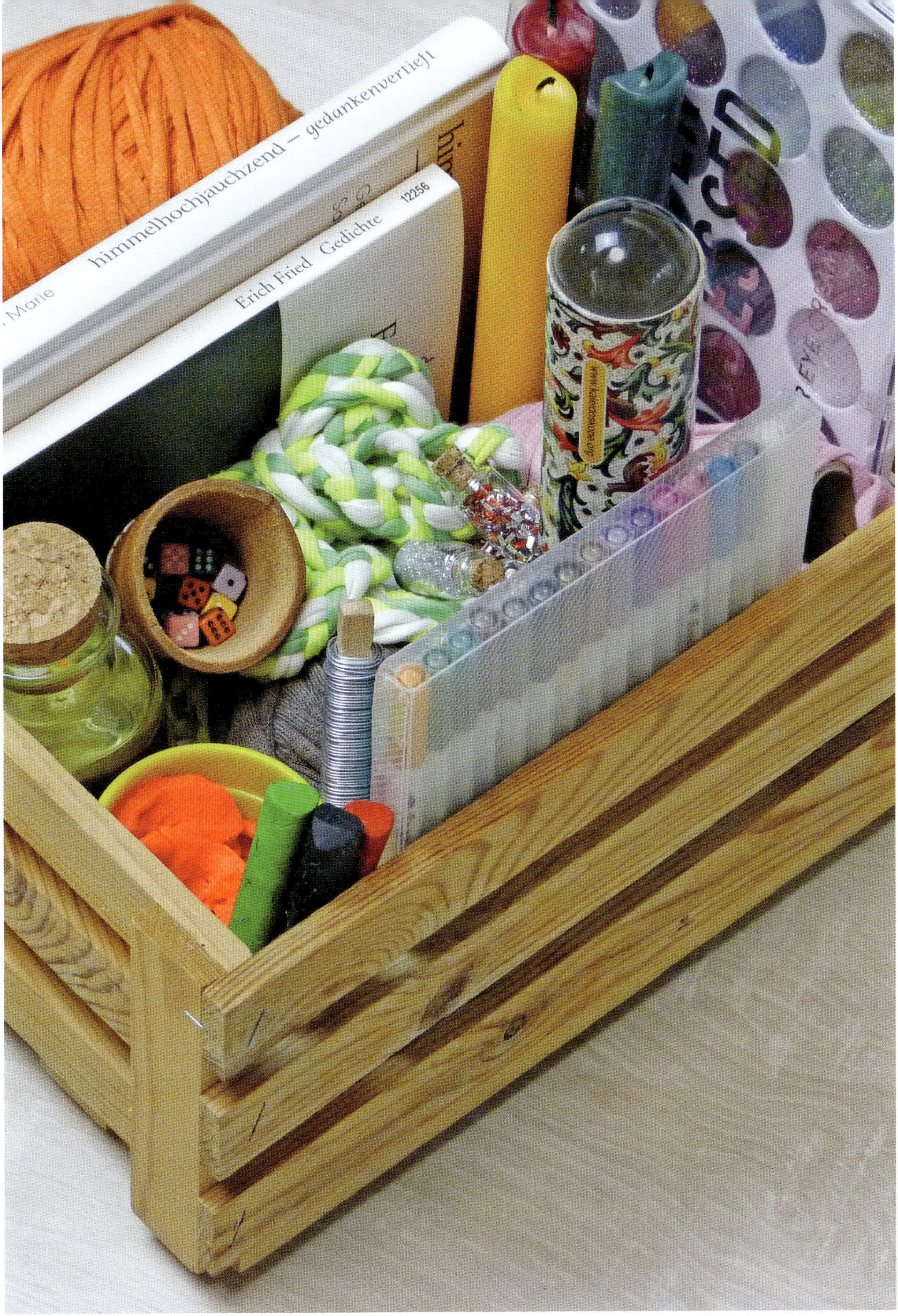
himmelhochjauchzend – gedankenvertieft
Erich Fried Gedichte
12256
www.kaleidoskope.org

ÜBER DIE AUTORIN

„Für mich steht das Ergebnis erst an zweiter Stelle. Das Schaffen, der Prozess, das Machen an sich sind mir viel wichtiger. Natürlich freue ich mich auch, wenn etwas gelungen ist. Aber die echte Freude, die spüre ich beim Entstehenlassen."

Verena Wöhlk Appel lebt die Liebe zur Kreativität. Die Fachwirtin für Visual Merchandising ist im schönsten Gartencenter des Münchner Umlandes für das Ambiente zuständig, entdeckt als Kreativbuch-Autorin immer wieder spannende Buchprojekte und hat viele Kinder- und Familienwerkstätten entwickelt und begleitet.

Hierbei ergänzen sich ihre eigenen Erfahrungen als dreifache Mutter mit Ausbildungen zum Gesundheitscoach für Stressbewältigung und Burnout-Prophylaxe sowie Fortbildungen und in kunsttherapeutischen wie systemischen Techniken.

Die gebürtige Kielerin lebt seit vielen Jahren mit ihrer Familie im Münchener Süden – und so findet man sie sowohl auf einem SUP-Board den Ammersee kreuzend als auch mit einem Fischbrötchen am Ostseestrand!

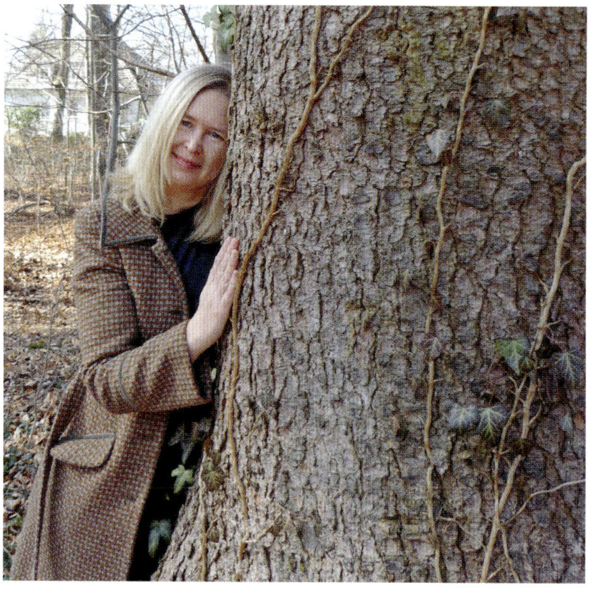

Die Idee zu einem Kreativbuch mit regenerativwirksamen Ideen ist mit viel Zeit und Liebe gewachsen und authentisches Ergebnis vieler Beobachtungen, Erlebnissen und Einsichten.

DANK

Mein Dank gilt dem Christophorus Verlag mit Helgrid van Impelen und Svenja Wiglinghaus für das Vertrauen in dieses etwas andere Kreativbuch.

Ariane Hagl, die mir immer wieder Ruhe zum Malen ermöglicht hat, ein offenes Ohr und kreativen Input.

Frank Kirchner für das Feedback, ebenso dem Campus Naturalis für die wertvollen Erfahrungen.

Carola Kiefl für den kreativen Background neben der Arbeit zu diesem Buch und Andreas für den Asparagus!

Meiner Freundin Silke für einige schöne Naturbilder und so viele gemeinsame kreative Erlebnisse mit unseren Kindern.

Allen Kindern, mit denen ich kreativ sein durfte und darf.

Meiner Familie, die mich trägt, und ganz besonders unseren Kindern.

Und natürlich den Bäumen, den Vögeln, den Sternen!

IMPRESSUM

Autorin: Verena Wöhlk Appel
Fotos, Icons & Styling: Verena Wöhlk Appel
Produktmanagerin: Svenja Wiglinghaus
Lektorat: Sigrun Borstelmann
Korrektorat: Susen Truffel-Reif
Umschlaggestaltung: Regina Degenkolbe, Rudi Stix
Layout & Satz: Elke Mader
Repro: LUDWIG:media
Herstellung: Julia Hegele
Printed in Poland by CGS Printing

★★★★★

Sind Sie mit diesem Titel zufrieden? Dann würden wir uns über Ihre Weiterempfehlung freuen. Erzählen Sie es im Freundeskreis, berichten Sie Ihrem Buchhändler oder bewerten Sie bei Onlinekauf. Und wenn Sie Kritik, Korrekturen oder Aktualisierungen haben, freuen wir uns über Ihre Nachricht an: Christian Verlag, Postfach 40 02 09, D-80702 München oder per E-Mail an lektorat@verlagshaus.de.

Unser komplettes Programm finden Sie unter

www.christophorus-verlag.de

Autorin und Verlag haben alle Angaben und Anleitungen mit größtmöglicher Sorgfalt zusammengestellt. Dennoch kann bei Fehlern keinerlei Haftung für direkte oder indirekte Folgen übernommen werden. Stoffe, Materialien und Modelle können von den jeweiligen Originalen abweichen. Die bildliche Darstellung ist unverbindlich.
Sollte dieses Werk Links auf Webseiten Dritter enthalten, so machen wir uns die Inhalte nicht zu eigen und übernehmen für die Inhalte keine Haftung.

Bildnachweis
Silke Völz: S. 6, 16, 18, 44, 58, 68, 78, 90, 110;
Shutterstock: Evgeny Karandaev S. 41, Vasin Buaroong S. 98/99, Peter Bocklandt S. 88/89, Olena Yakobchuk S. 108/109, Dawid Zawila S. 42/43, Ilya Hrechka S. 30/31, photosoft S. 32, Bankrx S. 76/77, OlegRi S. 122/123, Hakan Eliacik S. 66/67, isilterzioglu S. 56/57

Die Deutsche Nationalbibliothek verzeichnet diese Publikation in der Deutschen Nationalbibliografie; detaillierte bibliografische Daten sind im Internet über https://www.dnb.de/ abrufbar.

Infanteriestraße 11a
80797 München

ISBN 978-3-8388-3895-3

Kreativ-Service

Sie haben Fragen zu unseren Büchern und Materialien? Wir beraten Sie gern rund um alle Kreativthemen. Rufen Sie uns einfach an. Wir interessieren uns auch für Ihre eigenen Ideen und Anregungen. Sie erreichen uns per E-Mail: kreativ-service@c-verlag.de oder unter der Tel.: +49 (0)89-1306 99 577.

Besuchen Sie uns im Internet: www.christophorus-verlag.de & www.selbstgemacht.de

Ebenfalls erhältlich ...

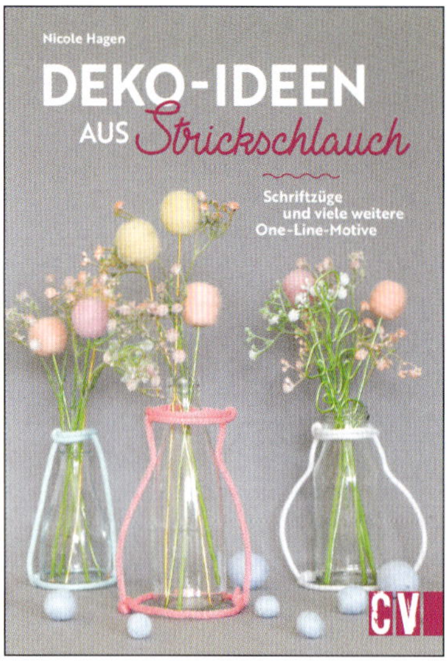

ISBN 978-3-8388-3890-8

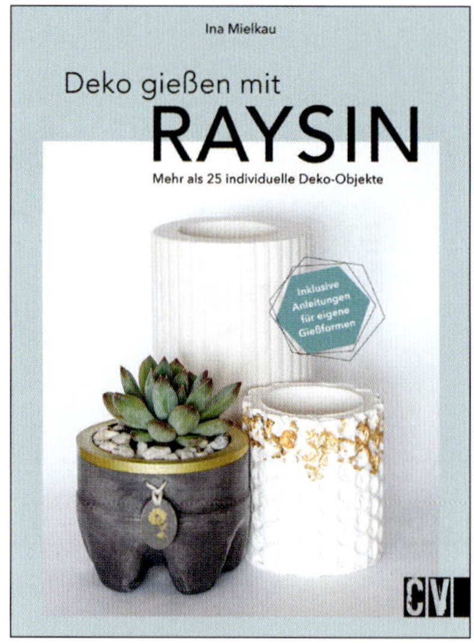

ISBN 978-3-8388-3902-8

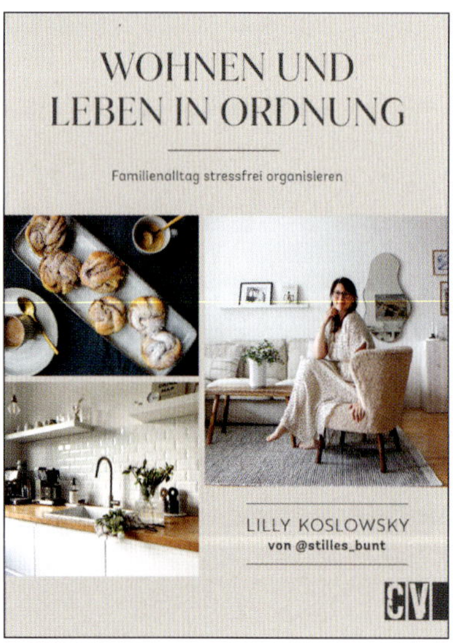

ISBN 978-3-8388-3856-4

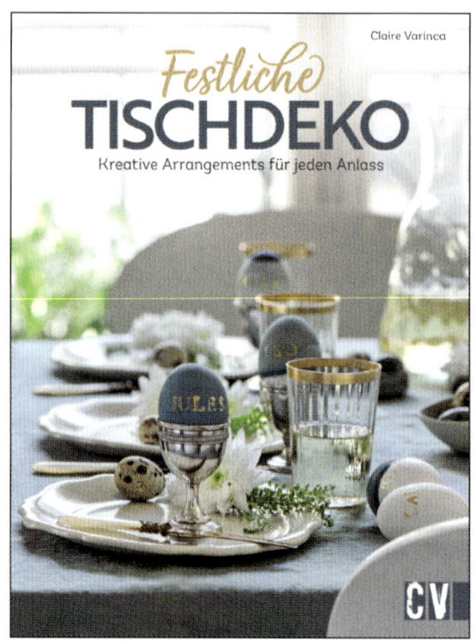

ISBN 978-3-8388-3830-4

www.christophorus-verlag.de